U0534511

德州学院学术著作出版基金资助项目

本著作是山东省高等学校人文社会科学研究自筹经费项目"多元智能理论下的小学生全面发展的中外对比研究"（项目编号：J15WC24）的重要成果

# 关于小学生全面发展教育研究

霍洪田 著

中国社会科学出版社

# 图书在版编目（CIP）数据

关于小学生全面发展教育研究/霍洪田著 . —北京：中国社会科学出版社，2015.9
ISBN 978 – 7 – 5161 – 6900 – 1

Ⅰ.①关⋯ Ⅱ.①霍⋯ Ⅲ.①小学生—全面发展（教育）—研究 Ⅳ.①G625.5

中国版本图书馆 CIP 数据核字（2015）第 217656 号

---

| | |
|---|---|
| 出 版 人 | 赵剑英 |
| 责任编辑 | 李庆红 |
| 特约编辑 | 罗淑敏 |
| 责任校对 | 周晓东 |
| 责任印制 | 王　超 |

| | |
|---|---|
| 出　　版 | 中国社会科学出版社 |
| 社　　址 | 北京鼓楼西大街甲 158 号 |
| 邮　　编 | 100720 |
| 网　　址 | http://www.csspw.cn |
| 发 行 部 | 010 – 84083685 |
| 门 市 部 | 010 – 84029450 |
| 经　　销 | 新华书店及其他书店 |

| | |
|---|---|
| 印刷装订 | 北京金瀑印刷有限责任公司 |
| 版　　次 | 2015 年 9 月第 1 版 |
| 印　　次 | 2015 年 9 月第 1 次印刷 |

| | |
|---|---|
| 开　　本 | 710×1000　1/16 |
| 印　　张 | 12.75 |
| 插　　页 | 2 |
| 字　　数 | 216 千字 |
| 定　　价 | 45.00 元 |

凡购买中国社会科学出版社图书，如有质量问题请与本社营销中心联系调换
电话：010 – 84083683
版权所有　侵权必究

# 前　　言

　　当今的中国社会正处于社会主义变革时期，社会的结构不断得到优化调整，社会利益更加注重再分配，人民生活急剧变化。随着经济的快速发展，人们日益增长的物质生活与人们精神领域需求之间的矛盾不断加大，教育作为人与社会的调节剂，对社会的稳定繁荣起着重要的作用。尤其是当今中国与世界接轨，国家之间人才的竞争日益激烈，完善的国家教育体系是国家综合国力的有力保证。为了适应不断发展的人类社会，我国的教育体制也在不断地进行着改革和完善，力求使教育与经济、政治相辅相成，共同促进中华民族的伟大振兴，促进国家繁荣富强和人民幸福。

　　一方面，我国的整体教育体制建设已接近完善，在未来很长一段时期内将不需要有较大的改善，但是课程设置仍需要进行不断的改革与完善，以适应人们对知识的需求和不断发展的社会。首先，初等教育是我国教育体系的基础阶段，具有十分重要的启蒙教育作用，其重要地位不言而喻；其次，初等教育时期的受教育者心理和生理都处于发展的关键时期，也是接受学习的关键时期，是学生教育的黄金时期。通过教育，儿童心智得以发展，各项能力得以培养与锻炼，有利于促进其全面的终身发展，如果此阶段的教育处理不当，将会对儿童及其以后的发展产生无法估量的伤害，甚至会危害社会的稳定。总之，初等教育在国民教育体系中具有十分重要、关键的地位，其重要性不仅体现在对儿童知识的灌输方面，还体现在对儿童各种思想意识、智力、综合能力等发展提高方面。

　　另一方面，随着国家经济的不断发展和提高，人民生活水平随之大幅提高，人民的思想观念也不断进步，不再通过不断地生养孩子追求富裕的生活，加之国家大力提倡计划生育，目前已取得显著的成效。现代社会中的独生子女越来越多，家长对其呵护关爱并不能有效地帮助其成长，在生长发育过程中出现了一些问题。比如，大部分家长越来越溺爱自己的孩子，不忍心使其"吃苦受罪"，导致儿童无法学会自理，解决问题的能力也越来越低下，总体学习成绩也呈下降趋势……这些问题严重地阻碍了学生的发展与个体能力的提高，与人类社会的发展步伐严重脱节。所以，初等教育新课程改革应当围绕学生的全面发展问题，致力于运用各种手段提高儿童的整体素质。

鉴于以上问题的存在，如何提高学生的综合能力是一个严肃的话题，经笔者研究发现，学生各项智能的发展、智力的提升、综合能力的培养的最佳阶段是儿童十二岁以前，即小学教育阶段。此时期的儿童心理和生理发展正处于关键时期，也是个体学习提高的黄金时期，通过教育可以使学生的各项能力得到有效的培养和提升，满足自我的需求和社会发展的需要，新课程改革应当全面致力于学生综合能力的提升，以适应不断发展的社会和国家发展的需要以及人类进步的需求。

那么，如何锻炼学生的九项智能、提升学生智力水平和综合素质能力是我们目前遇到的关键问题。根据加德纳教授的多元智能理论，每个个体都有九项智能，九项智能之间有强弱之分，外化表现出来就是个体之间的能力和智力的差异。因此，教育者所需要做的就是在儿童生理心理发展的适当时期，循序渐进地发展个体的各项智能，努力锻炼学生的强项智能。根据多元智能发展不平衡理论，个体内在的九项智能发展进程存在差异，对儿童的教育应当循序渐进，切忌操之过急，在恰当的时间给予恰当的锻炼，做到事半功倍。美国心理学家格赛尔所做的著名"格赛尔双子爬梯实验"很好地证明了在关键期内合适的时间对智能进行开发的有效效果。

能力是一种合力，是众多合力作用的结果，个体智力、智能不平衡发展的特性使得个体能力存在较大差异。智能作为智力、能力发生和发展的基础，对个体智力水平和能力高低具有重要的基础性作用，后天的外在因素是在智能基础上形成的，使具有可塑性的智力和能力提升到一个更高、更好的水平与空间。能力不仅是多项智能组成的合力，还有个体后天知识积累、生活环境、生存经历等外在环境因素的组成成分。比如先天智能水平相当的两个个体之间，他们受教育水平高、低以及外界环境的刺激不同，二者解决问题的方式是完全不一样的，发展方式和表现方式也是不一样的，一个可能是数学家，另一个可能是数据分析师。根据能力是合力理论，要解决好一个问题，需要几种智能、知识、经验共同作用，人在一生中会遇到许许多多的问题，需要用不同的能力去解决各样的问题，为了不断增强各种能力，就得不断提高知识水平、增加经验和提升自我能力。因此，更加应该锻炼个体的不同智能，提高个体的综合能力。总体来说，个体智力和能力在各个阶段都是不平衡发展的。能力发展是不平衡的，经我们研究发现，其最佳发展阶段是在儿童阶段，尤其是小学生阶段。个体能力发展是至关重要的，我们发现了发展的黄金期，那么，小学生全面发展的重要性就不言而喻了。

笔者对我国初等教育课程进行大量的案例分析研究，结合加德纳教授的多元智能理论和能力是一种合力理论，提出自我对小学生全面发展的实践探索，即创新发展模型，以此来促进小学生的全面发展，为初等教育研究贡献一份力量，为我国的素质教育改革做出一点贡献。

# 目　　录

## 第一部分　理论篇

### 第一章　初等教育地位、作用的再认识 ⋯⋯⋯⋯⋯⋯⋯⋯⋯⋯⋯ 3

第一节　初等教育的内涵及本质特点 ⋯⋯⋯⋯⋯⋯⋯⋯⋯⋯ 3
第二节　初等教育的地位 ⋯⋯⋯⋯⋯⋯⋯⋯⋯⋯⋯⋯⋯⋯⋯ 7
第三节　初等教育的作用 ⋯⋯⋯⋯⋯⋯⋯⋯⋯⋯⋯⋯⋯⋯⋯ 10
第四节　目前我国初等教育存在的问题 ⋯⋯⋯⋯⋯⋯⋯⋯⋯ 12

### 第二章　我国教育家的小学生全面发展观 ⋯⋯⋯⋯⋯⋯⋯⋯⋯ 15

第一节　孔子的教育观 ⋯⋯⋯⋯⋯⋯⋯⋯⋯⋯⋯⋯⋯⋯⋯⋯ 15
第二节　胡瑗的教育观 ⋯⋯⋯⋯⋯⋯⋯⋯⋯⋯⋯⋯⋯⋯⋯⋯ 20
第三节　朱熹的教育观 ⋯⋯⋯⋯⋯⋯⋯⋯⋯⋯⋯⋯⋯⋯⋯⋯ 22
第四节　王阳明的教育观 ⋯⋯⋯⋯⋯⋯⋯⋯⋯⋯⋯⋯⋯⋯⋯ 24
第五节　严复的教育观 ⋯⋯⋯⋯⋯⋯⋯⋯⋯⋯⋯⋯⋯⋯⋯⋯ 26
第六节　张伯苓的教育观 ⋯⋯⋯⋯⋯⋯⋯⋯⋯⋯⋯⋯⋯⋯⋯ 29
第七节　蔡元培的教育观 ⋯⋯⋯⋯⋯⋯⋯⋯⋯⋯⋯⋯⋯⋯⋯ 32
第八节　徐特立的教育观 ⋯⋯⋯⋯⋯⋯⋯⋯⋯⋯⋯⋯⋯⋯⋯ 34
第九节　陶行知的教育观 ⋯⋯⋯⋯⋯⋯⋯⋯⋯⋯⋯⋯⋯⋯⋯ 37
第十节　陈鹤琴的教育观 ⋯⋯⋯⋯⋯⋯⋯⋯⋯⋯⋯⋯⋯⋯⋯ 41

### 第三章　国外教育家的小学生全面发展观 ⋯⋯⋯⋯⋯⋯⋯⋯⋯ 45

第一节　马库斯・法比尤斯・昆体良的教育观 ⋯⋯⋯⋯⋯⋯ 45
第二节　夸美纽斯的教育观 ⋯⋯⋯⋯⋯⋯⋯⋯⋯⋯⋯⋯⋯⋯ 48
第三节　约翰・洛克的教育观 ⋯⋯⋯⋯⋯⋯⋯⋯⋯⋯⋯⋯⋯ 50

第四节　让－雅克·卢梭的教育观 …………………………… 52
　　第五节　裴斯泰洛齐的教育观 ………………………………… 54
　　第六节　约翰·杜威的教育观 ………………………………… 56
　　第七节　蒙台梭利的教育观 …………………………………… 58
　　第八节　让·皮亚杰的教育观 ………………………………… 60
　　第九节　维果茨基的教育观 …………………………………… 62
　　第十节　杰罗姆·布鲁纳的教育观 …………………………… 63

## 第四章　多元智能理论视角下的小学生全面发展观 …………… 66
　　第一节　多元智能理论的含义及现状 ………………………… 66
　　第二节　多元智能理论的基本特点和观点 …………………… 69
　　第三节　多元智能理论促进学生的全面发展 ………………… 71
　　第四节　全面发展和个性发展的辩证关系 …………………… 73
　　第五节　多元智能理论的全面发展对家长及教师的启发 …… 75

## 第五章　从能力是合力角度看全面发展观 ……………………… 78
　　第一节　智能、智力和能力的再认识 ………………………… 78
　　第二节　能力是合力理论与小学生全面发展的关系 ………… 83

# 第二部分　实践篇

## 第六章　新课程改革的内容、意义及问题 ……………………… 93
　　第一节　新课程改革的背景 …………………………………… 93
　　第二节　新课程改革的理念 …………………………………… 94
　　第三节　新课程改革的主要措施 ……………………………… 97
　　第四节　新课程改革的现状及问题 …………………………… 100

## 第七章　我国部分小学教育现状及全面发展实况 ……………… 103
　　第一节　北京市某公办小学教育现状及特色 ………………… 103
　　第二节　青岛市某公办小学教育现状及特色 ………………… 105
　　第三节　沈阳市某公办小学教育现状及特色 ………………… 108
　　第四节　天津市某公办小学教育现状及特色 ………………… 110

第五节　上海市某公办小学教育现状及特色…………………… 112

第六节　杭州市某公办小学教育现状及特色…………………… 114

第七节　合肥市某公办小学教育现状及特色…………………… 116

第八节　南京市某公办小学教育现状及特色…………………… 119

第九节　成都市某公办小学教育现状及特色…………………… 121

第十节　昆明市某公办小学教育现状及特色…………………… 123

第十一节　北京市某民办小学教育现状及特色………………… 125

第十二节　杭州市某民办小学教育现状及特色………………… 128

第十三节　国内公办与民办小学生全面发展的比较分析……… 130

## 第八章　国外小学生教育现状及改革………………………………… 133

第一节　国外小学生教育现状及改革…………………………… 133

第二节　国外部分小学生全面发展的案例分析………………… 134

第三节　国内外小学生全面发展的比较分析…………………… 142

## 第三部分　探索篇

## 第九章　教育理念的探索……………………………………………… 153

第一节　全面发展与个性发展的教育理念探索………………… 153

第二节　在小学教育阶段进行全面发展的重要性……………… 159

第三节　教学实践的探索………………………………………… 165

## 第十章　小学生全面发展的创新模式探究…………………………… 170

第一节　课程的科目设置………………………………………… 170

第二节　课程的科目比例设置…………………………………… 172

第三节　创新模式的原则………………………………………… 174

## 第十一章　适应我国小学生全面发展的环境………………………… 176

第一节　加大我国小学教育经费的投入………………………… 176

第二节　优化小学教师队伍，提升小学教师专业水平………… 178

第三节　建立资源共享体系……………………………………… 180

第四节　完善制度，加强执行力……………………………………182

**参考文献**……………………………………………………………………185

**后记**…………………………………………………………………………193

# 第一部分　理论篇

# 第一章 初等教育地位、作用的再认识

"人并非生而知之者"[①]，后天的学习和经历使其成长，成为独立自主和拥有健全人格的人。教育作为人发展的一大要素，遵循个体身心不同发展阶段的认知能力和学习能力等规律，其在人一生的发展中，因阶段的不同而具有不同的作用。其中，初等教育就是人类接受教育的第一步，是个体进入知识海洋的启蒙教育，是个体建立知识高楼的基石。基石不坚，高楼危矣。可见，初等教育在整个教育过程中具有十分重要的地位。我们应该如何认识初等教育的价值？如何认识初等教育对人生发展的重要意义？这些问题关乎我们对初等教育的正确认识和态度，关乎小学生素质教育的实施力度。长期以来，人们对初等教育的真正地位和价值没有足够正确的认识，常常低估初等教育的作用，把小学教师定义为"孩子王"，造成小学教师地位低下。实际上，每个阶段的教育在整个教育体系中都具有各自的责任和价值，它们共同构成我国的教育体系，为个体的健康成长做出贡献。

## 第一节 初等教育的内涵及本质特点

### 一 内涵

对初等教育进行研究探索，首先要弄清楚它的内涵。一般来说，初等教育分为幼儿园教育阶段、小学教育阶段、中学教育阶段三个阶段，广义上的初等教育包括儿童阶段的初等教育和成人阶段的初等教育两大部分，狭义上的初等教育指对适龄儿童进行的教育。初等教育是整个教育体系中

---

[①] 王灿：《对孔子"生而知之"论的再辨析》，《聊城大学学报》（社会科学版）2008年第2期。

最基础的部分，是学校教育的原始阶段，在我国又属于义务教育阶段，具有普及性、广泛性、全面性等特点。所谓初等教育又称小学教育、基础教育，是指国家教育中的第一个教育阶段，以6—12岁的儿童为教育对象，其目的是教授儿童基本的理论知识和生活技能，为儿童接受更高一级的教育奠定基础。①

我国初等教育最早可以追溯到西周时期，发展历史悠久，之后各个朝代官学和私学中的小学、社学、书馆和蒙馆都是进行初等教育的机构。我国最早建立的初等教育制度是1904年清朝颁布的《奏定学堂章程》。新中国成立之前，我国的初等教育水平低下，国民整体素质不高，文化落后。新中国成立之后，1951年国家颁布《关于改革学制的决定》，积极进行"扫盲运动"，在条文中明确规定初等教育分为儿童教育和成人教育两种。儿童教育，即学校对适龄儿童进行的基础教育；成人教育，即对青年或成年人进行小学程度的教育，主要包括业余小学、识字学校等。②到八九十年代，我国青壮年文盲数量大幅度减少，学龄儿童入学率提高至93%左右。在近代中国教育史上，国家为了尽快提高教学教育的水平和教学质量，曾多次进行课程改革。21世纪的新课程改革，是全面贯彻党的教育方针，全面进行的素质教育改革。新课程改革将综合课程教学作为初等教育的主要教学内容，开设语文、数学、外语、体育、艺术、品德、生活、科学、综合实践活动等基本课程，鼓励学校将国家课程、地校课程、校本课程有机结合起来，培养小学生终身学习的目标和能力，培养高素质的新一代人才。

初等教育的发展越来越受重视，其发展趋势大致有以下几点：加强基础知识的传授，提高学生的学习、生活能力，让学生在小学阶段学会生活、学会做人、学会学习；为了适应儿童生理越来越早成熟的趋势，儿童入学年龄不断减小；教学方法和形式要求丰富多样，对教师的教学技巧和品质修养要求越来越高；逐渐缩小班级的设置，对教师的受教育水平要求不断增高。初等教育的这种发展趋势越来越有利于促进学生的全面发展，提高学生基础综合素质能力；有利于满足国家教育体系中以高起点进行下一阶段教育的需求；有利于促进国家综合国力的提升和人类社会进程的

---

① 刘慧：《关于初等教育学科建设的几点思考》，《首都师范大学学报》（社会科学版）2009年第1期。

② 《中央人民政府政务院关于改革学制的决定》，《天津市政》1951年第29期。

加快。

在新时期的教育改革中，初等教育又将面临新的挑战和机遇。首先，我国现代教育体系的不断完善要求初等教育向高水平、高水准发展。经过义务教育的不断普及和发展，我国入学儿童和受教育人员越来越多，但是和发达国家相比，我国初等教育普及和现代化水平仍较低。初等教育的现代化水平指标主要有教育投入资金在国家 GDP 中所占的比重、初等教育经费占全部教育经费的比重、初等教育者人均花费占人均消费总额 GNP 的比重、小学教育规模和小班教学规模、特殊儿童入学率、满足最新办学标准的学校占学校总数的比重、现代化教育技术的使用、初等教育的毕业率等。随着人类社会进程的推进，社会以及国家发展对知识和科技的需要越来越强烈，对教育的重视程度越来越高，在教育上的投入比例也越来越多。国家为了满足人们和社会对教育的需求，不断进行教育体制改革，不断完善我国的教育体系。基础教育作为教育体系中最基础的一大环节，必须对其进行完善，以保证教育体系的完善和发展。[①]

其次，为了满足国家教育体系的要求，初等教育需要向着高质量的水平发展。初等教育不是为国家培养劳动工作者和科技创新技术人才，而是对适龄儿童进行基本知识的基础教育。因此，基础教育改革需要向着教学质量提高的目标前进。在国外，很多国家很早就已经提高了对初等教育的重视程度，如日本在 1996 年的教育会议上提出，日本以后的初等教育要以培养儿童的生存能力为教育目标，即培养完整人格的素质和能力；美国于 1994 年在《美国 2000 年教育战略》中规定，初等教育要保证适龄儿童都能够按时进入学校，接受所设课程。我国也从 20 世纪 90 年代以后开始全面推进素质教育改革，逐渐取消小学升学考试，初等教育得以获得相对独立的空间，自由发展。

我国初等教育没有规范的目标和质量标准，缺乏相应的管理体制，初等教育的发展往往是闲散、自发的趋势，难以完成促进儿童全面、个性发展的目标。因此，加强初等教育发展的目标和质量要求、探索其发展规律，对我国教育体系改革和发展具有重要的作用和影响。

## 二 初等教育改革特点

初等教育作为教育体系的基础阶段，除了具有教育的一般特点外，还

---

[①] 季银泉：《初等教育课程改革：中国与世界的比较》，《教育发展研究》2006 年第 22 期。

有其独特的全民性、义务性和全面性的特征。

（一）初等教育的全民性

所谓初等教育的全民性，从广义上讲，指初等教育的目标是从根本上扫除文盲、普及基础教育、提高全民族的综合素质，其面对的对象是全体公民；从狭义上讲，指初等教育面对的对象是所有的适龄儿童。初等教育的全民性是素质教育改革的必然趋势，尤其是在国内大力提倡教育公平的条件下，初等教育就要保证每个适龄儿童接受基础知识教育和享受公共设施。

在社会主义初级阶段，国家致力于建设社会主义现代化社会，需要全体公民从儿童阶段就接受社会主义教育，提高全民族的综合素质和知识水平。为了实现这一目标，国家加强对特殊儿童、贫困地区、留守儿童的重视和扶持，保证全体适龄儿童接受教育的权利。

（二）初等教育属于义务教育，具有强制性和免费性

我国目前实行九年制义务教育，国家以法律的形式确定对儿童和青少年受教育权利的保护，国家、学校、社会、家庭必须保证儿童接受义务教育。"义务"主要指国家建立学校，为公民受教育提供场所的义务；父母或监护人保证学龄儿童受教育的义务；社会不得剥夺或阻碍学龄儿童享受教育权利的义务。根据我国法律，小学教育属于义务教育阶段，带有强制性和免费性。

（三）初等教育具有全面性

初等教育不需要向儿童传授技术技能知识，也不需要培养高层次人才，其教学目的是培养儿童基础知识和生活技能，实施德、智、体、美、劳等全面的教育。小学教育阶段只需要在保证儿童足够基础理论知识输入的基础上，发展其生活能力、解决问题的能力，以及培养学生健康积极的品德修养和养成正确、健康的心理，为以后进行高阶段的教育和能力培养打下良好的基础。基础教育的最终教学结果是教给学生学会做人、学会生活、学会学习，儿童全面发展的目的在一定程度上是为了实现以后个性发展和专业技能的养成。小学阶段是个体智力、能力发展与提升的最佳阶段，在此阶段，小学生的每一方面都要发展，保证个体基本综合能力的养成，为以后个性特征的发展打下坚实的基础。因此，小学阶段不可出现偏科或者不平衡发展，全面发展才是其正确的选择。

### 三 初等教育的目标

在《九年义务教育全日制小学、初级中学课程计划（试行）》中对我国初等教育的学习目标做出明确的规定。首先，在思想层面，初步培养儿童爱祖国、爱人民、爱劳动、爱科学、爱社会主义的思想感情；培养关心集体、关心他人、勤劳、勇敢、诚实、积极向上等优秀品德与品质；培养讲文明、讲礼貌、守纪律的遵纪守法的行为习惯；培养学生自我管理和明辨是非的能力。其次，在学习方面，培养学生掌握阅读、写作、表达、运算等基础知识；了解与生活、自然、社会相关的文化常识；培养学生基本的调查实践、思维想象、动手操作、自我学习等方面的能力，形成优良的学习行为习惯。最后，在生活层面，养成学生生活自理、爱好劳动的行为习惯，能够使用生活中简单的工具；养成经常锻炼身体、讲究卫生的意识和行为习惯；培养学生广泛的兴趣和爱好。[①]

整体来看，在素质教育环境下的初等教育不仅要教授学生知识，还要教授学生生活和生存的能力。上面所阐述的几方面几乎涵盖了儿童所必需的全部，让儿童在快乐的氛围中学习，促进学生的全面发展。在所有的发展目标中，提高儿童的整体素质是重中之重，无论是意识、能力、智力、体质等方面均要健康发展。中国的教育体系致力于提高全民族的素质水平，初等教育作为基础教育阶段，肩负着重任，上面所规定的发展目标，正是在全民族素质提升的要求下提出的更明确、更具体的要求，我们必须遵从。

## 第二节 初等教育的地位

在中国教育体系中，初等教育具有举足轻重的地位，初等教育与其他阶段的教育相互联系、相互影响，共同推进我国整体教育成果的取得和国民素质的提高。

### 一 小学教育是国民教育体系的基础

我国整体教育体系分为初等教育、中等教育、高等教育三个部分，其中初等教育部分是每个适龄儿童都要进行和接受的基础教育阶段，是儿童

---

① 《九年义务教育全日制小学、初级中学课程计划（试行）》，《人民教育》1992年第9期。

接受更高层次教育阶段的基础。从国家整体的角度来看，小学时期的初等教育能够打好坚实的基础，犹如高楼打好地基，才能为高等教育培养专门人才和特长人才打下基础；从个人的角度来看，初等教育接受全面的发展，才能养成健康的体魄、优良的思想品德、独立生存的能力和终身学习的能力，为其接受更高一级的教育创造有利的条件，为人生的继续发展创造优势。我们再次强调的是小学教育的重要奠基地位。

传统对小学教育的理解把科学文化知识看得更为重要，甚至把所有的活动课取消，改为语文、数学等课程，这种认识缺乏全面性和深刻性。初等阶段的科学文化知识教育固然重要，因为其是接受进一步教育的前提条件，但是，初等教育更应注重学生的全面发展，包括思想道德、行为习惯、身体和心理素质、创新创造思维等方面。初等教育就是促进儿童德、智、体、美、劳、心理健康等全面发展的教育，就是指导学生学会生存、学习、做人的教育，是为儿童的终身发展奠定基础的教育。小学阶段是学习的最佳时期，此阶段的学习会对儿童产生终生的影响。如果一个人在初等教育阶段养成不良的行为习惯和扭曲的人格，那么后天即使成为学识渊博的人，也是社会的一大危害。比如当年的马加爵事件，近几年的研究生投毒事件。他们不是不懂社会道德规范，只是在早期教育阶段，尚未养成个人优秀的道德规范。正如某位专家所说："再教育比教育难。"因此，我们必须紧抓初等教育的奠基之位，促进儿童全面、健康发展。

### 二 初等教育是儿童启蒙教育的开端

初等教育在教育体系中的位置，决定其开端地位。俗话说得好，"万事开头难"、"好的开端是成功的一半"。[①] 说明在事物发展的过程中，起始第一步的重要性，掌握好事物的开端及其发展规律是极为重要的事情。开端之所以这么重要，是因为好的开端能够明确正确的发展方向，找到准确的前进道路，为事物的顺利发展奠定基础。从国家教育体系的角度讲，如果初等教育有了良好的开端，就能够使教育得到普及，中等教育的质量得到保证，整个中华民族的整体素质水平得以提高。从个人的角度讲，个体接受了好的初等教育之后，拥有优秀的综合素质能力，为人生的进一步发展埋下种子，提高初等教育的质量，为将来成为有用的人才创造条件。

在我国初等教育制度尚未建立之前，儿童的教育被称为启蒙教育，启

---

① 马述刚：《好的开端是成功的一半》，《中国教育学刊》2010年第5期。

发儿童走出蒙昧无知的状态，认识自然和社会，成为社会中的一分子。如果仅从文化知识学习的角度，当今的初等教育仍然是一种启蒙教育，启发学生学会学习、生活。但是，当今的初等教育强调的不仅仅是文化知识学习，还注重品德修养和能力的养成，这种具有开端地位、引导儿童人生发展的教育必须严肃对待。义务教育从小学开始，就是充分考虑了初等教育的重要地位，深刻地了解了小学教育的开端地位，新时期教育改革就要把握好这个特殊的教育阶段，为提升中华民族整体素质打下良好的基础。

### 三 初等教育是儿童全面发展的黄金时期

初等教育具有基础地位的重要性和开端地位的特殊性，此外，还具有儿童黄金发展时期的关键性的重要特征。进入学校，儿童开始进行有系统、有计划、有目的的教育活动，其生理和心理特征都会在这个阶段进行迅速的发展和成熟，抽象思维能力、认知能力和智力水平也处于大幅度提升的时期，这个时期学生的各种意识也开始发展，但尚不成熟。儿童此系列的发展变化，一方面是儿童生理和心理发展的必然结果，另一方面是由于学校的教育启蒙作用。儿童的启蒙作用发挥得好，其具有积极的促进作用。比如，在集体活动中，儿童的人际交往意识和能力、团队意识等得到迅速的培养和提升；在语文课学习中，儿童的语言组织能力、语言表达能力、语言运用能力得到提升……这些发展变化都是初等教育的教育知识作用于儿童的心理、生理机制所产生的结果。

但是，处于此时期的儿童，因为自身知识积累和经验的缺乏，对身边的家人、朋友和老师有较大的依赖，成人给他们足够的安全感和被依赖性，年级越小的儿童此特征越明显。此外，经我们研究发现，儿童十二岁之前是学习能力最强的时期，其学习接受能力处于最佳阶段。因此，儿童这个时期的可塑性和知识的接受性最强。并且，处于此阶段的儿童对知识的渴求程度和对未知领域的探索、追求以及好奇心也是最强烈的，保证基础知识的输入，增强行为习惯、思维意识、创新创造能力的培养等对儿童一生的发展至关重要。综合种种因素，基础教育是儿童接受教育的黄金时期。

综上所述，小学教育在国民素质教育体系中具有十分重要、特殊、关键的地位，其重要价值不仅仅体现在儿童知识的输入方面，还体现在各种意识、智力、能力的发展上。儿童心智的发展，各项能力的培养锻炼，有利于促进其终身发展，如果此阶段的教育处理不当，将会对儿童的一生和社会产生无法估量的伤害。

## 第三节　初等教育的作用

　　初等教育阶段的儿童对知识的欲望和好奇心最强，遇到什么问题都想问为什么，此阶段他们的记忆力和学习能力也是最强的，只是以简单的模仿为主，随着年龄的增长，学习创新能力越强。小学阶段养成的良好习惯和学习到的知识可以保持很久，甚至终生；反之，小学时期如果养成不良的行为习惯，那么到了中等教育阶段和高等教育阶段之后再纠正起来就会相当困难，甚至顽固地保持一生。因此，小学阶段开发得如何，直接影响以后的学习和生活，影响学生的长期发展。总而言之，小学教育最重要的作用是其启蒙作用。

　　我国古代就已经十分重视启蒙教育，在《周易》蒙卦象辞中就记载道："蒙以养正，圣功也。"① 其后，还出现了一系列的启蒙书籍，如《百家姓》、《千家诗》、《千字文》、王应麟的《三字经》、朱熹的《童蒙须知》、王守仁的《训蒙大意》、王筠的《教童子法》等。可见，有关儿童教育在古代就已有丰富的经验，就已注重从实际出发，结合儿童的心理特征进行教学，出现"因材施教"、"长善救失"、"教学相长"等先进教育理念。初等教育作为教育的开端，儿童的思想品德、知识储备、综合能力、身体素质都将在小学阶段正式地发展，小学阶段的教育，在人的一生中起最重要的启蒙作用。

　　首先，初等教育对儿童思想品德有启蒙作用。

　　儿童进入小学阶段之后，其面对未知世界和人类社会的范围逐渐扩大，遇到的道德问题也越来越多，因此，小学阶段对儿童良好思想品德的养成十分重要。儿童的道德行为要做到言行一致、校内校外一致，这就涉及儿童的意志、毅力的养成问题。这就需要学校对儿童的德育问题进行长期的锻炼与要求，帮助儿童建立条件反射，等到完成初等教育之后，做到道德行为定型、自然习惯养成，为接受更高的道德修养奠定基础。

---

　　① 刘浩：《蒙以养正，圣功也——浅谈〈三字经〉诵读对当今小学生的重要意义》，《新课程学习》（上）2014 年第 7 期。

小学阶段的各种活动课，不仅让儿童接受快乐的教学，还引导儿童学会人与人、人与自然、人与社会之间的相处，学会关心集体和他人，树立团队意识，培养学生独立自主的意识和独立生存的意志，保持健康快乐的心理状态……初等教育在儿童思想方面具有重要的启蒙作用。

其次，初等教育对儿童基础知识学习有启蒙作用。

初等教育阶段的儿童对知识的渴求和好奇心驱使其大量地接受外界的知识输入，其智力在此阶段也处于快速上升期，因此，小学阶段的知识教育重在启蒙学生的智力和今后接受进一步学习的能力和养成终身学习的能力。除了基本的语文、数学、外语等知识的教学，学校设置的阅读、写作、算术、动手操作等课程启发学生的学习能力和动手创作能力；学校课余作业的布置帮助学生养成独立完成作业、合理安排时间、积极克服学习困难的能力。此外，教师对学生的表扬也有利于学生自信心和荣誉感的萌发。因此，在小学阶段的课程设置中，就要注意以上相关课程的安排，让学生在最适合学习某项技能的时间段内进行锻炼和练习，实现智力的最有效发展。

国家的进步与发展离不开科技，科技进步离不开创新，创新能力的培养离不开学生创新思维和能力的养成，这种思维和能力又是需要儿童从小养成。因此，初等教育就要发挥其启蒙作用，鼓励学生的好奇心，帮助学生独立解决遇到的问题，保护学生的创新思维和潜力。在初等教育阶段内，儿童的心理比较脆弱，教师要相信学生一定能做好，善于通过不同的方法让儿童学会独立地解决问题，不要随意否决学生的学习能力，尤其是对智力的否决。儿童没有愚笨之分，只有擅长与否的区别，每个人的智能发展是不同的，后天表现自然有异，但总有一项强项智能。教师对儿童的心理伤害将是儿童一生的心理创伤，可见，启蒙阶段教育对人生的影响之大。

最后，初等教育对儿童的身体素质健康有启蒙作用。

小学生的身体处于快速生长阶段，儿童的身体虽然比幼儿时期强壮得多，但是和繁重、压力大的学习相比，其素质仍是一个需要加强对待的问题。并且，近年来，小学阶段疾病的发病率越来越高，拥有健康的体质才能帮助儿童快乐地成长、顺利地学习。俗话说得好，"身体是革命的本钱"。① 因此，儿童阶段加强身体锻炼和健康教育十分必要。儿童刚刚进入学校，容易产生厌学、惧学心理，对儿童心理健康的教育有利于保护儿童初等教育阶段顺利地完成学业，对心理健康的教育也应贯穿全过程。此外，儿童尚未意识到保护身体和各种器官的重要性，教师和家长就要提高这方面的意识，帮助儿童树立保护自我安全的意识，养成良好的作息行为习惯。总之，此阶段对儿童的身体健康和心理健康有重要的启蒙作用。

对于新时期的教师和学校来说，初等教育的教学压力和挑战越来越大，我们既然肩负如此神圣的任务和责任，就要把这项工作做好。面对不断发展着的儿童，教师要根据其生理和心理发展规律和特点，在儿童强项智能发展的适合阶段，有针对性地安排教学和活动，促进儿童的全面发展和个性提高，充分发挥初等教育的启蒙作用。

## 第四节 目前我国初等教育存在的问题

中国从古代开始就重视对民众的教育问题，当今社会是人才竞争的社会，更需要教育对国家人才的大力支持。作为教育体系基础的初等教育，在社会主义教育体系中更是十分重要的。我国已进行过多次的教育体制改革，已经确立健全的教育体制，近阶段将不会更改。但课程改革尚未完成，目前初等教育的改革仍出现一些问题与困难。

### 一 重理论、轻实践的教学模式仍大量存在

在传统教育模式中，科学文化知识的教学是学校教育的重点。虽然，目前课程改革进行得如火如荼，但是，应试教育的教学模式和观念仍深入人心。许多学校一时之间无法改变传统教育的观念，课程教学观念仍旧十分落后。比如，学校只是在语文、数学、英语等理论课程的基础上，再设置几节音乐、美术、体育、班会等课程，而且理论课所占比重较大；有些学校设置了多样的活动课程，可是偏向于艺术或者科学，内容涉及不全面，忽视国学教育；有些偏远山区由于资源匮乏、师资紧张，按期进行理论课程教学都有困难……

此外，新课改中，国家强调素质教育、在快乐的学习氛围中学习、倡

---

① 顾琴：《伟人是这样造就的》，《基础教育论坛》2014年第30期。

导轻负高效地学习，在实践中取消留级、补考的制度。在很大程度上减轻了学生的负担，但是后期对学生单元测试、期中测试、期末测试的重视程度不足，导致教学只重视课堂理论知识的灌输，忽略定期对教学效果的评价和活动课的考察。

二　新课改形势下的初等教育增设活动课程，但是形式单一或偏科，缺乏多样性

新课改要求增加活动课的样式和形式，各学校在具体贯彻设施方面存在较大的偏差。首先，大部分学校科学课程设置不全或者尚未涉及科学课程。有的小学只是设置了基本理论课程和基本活动课程，外加一些唱游、朗诵、广播、写作等特色课程，课程设置看似丰富多样，实则形式单一，流于形式。在此模式下的儿童发展选择单一，不利于儿童的个性需求和长远发展。其次，有些学校尚未对国学文化有足够的重视，忽视其价值地位。大部分学校在课程设置方面只是针对语文、阅读、写作进行了安排，没有涉及中国的传统文化内容，比如《老子》、《中庸》、《大学》、《论语》、《诗经》等传统国学。再次，有些学校对学生的安全教育重视不足。很少有学校涉及心理安全、身体安全教育，所有小学几乎都没有涉及性教育安全，对学生的健康安全教育没有引起足够的重视。最后，学校在实际动手操作方面和创新、创造以及社会公益活动的安排仍需加强。中国的社会实践课程趋向于简单的模仿，对学生创新创造的要求较低，而且，其活动要求亦步亦趋，不利于学生创新能力的培养。

三　学校对全面发展和素质教育理念的理解参差不齐，课程设置差距较大

虽然国家对总体课程改革有统一的标准和具体的目标，但是每个学校对新课程理念的理解并不相同，所以在具体的课程设置中并没有体现出素质教育。许多的课程要求并没有落到实处，仍处于理念创新阶段。比如，对国学文化、安全教育知识、心理健康知识等方面的重视。说到学校秉承全面发展的理念，当前许多学校的课程设置恰恰是不平衡发展。比如在课程设置方面，对国学、科学、地校课程、校本课程等的重视和设置并不合理；从低年级至高年级的课程内容设置和活动课程选择上，对儿童生理、心理特征的考虑尚不全面。学校没有考虑学生每个阶段表现的强项智能是哪一项，应该在此阶段进行什么样的教学内容，选择什么样的教学方式等，对多元智能发展和其发展不平衡性的领悟和实践不足。

各小学在课程设置方面存在较大差距,有的学校很好地理解素质教育的理念,发挥学校、家庭、社会三位一体的作用,合理增加地校课程,办学形式丰富多样,致力于儿童的全面发展;而有的学校课程形式较单一,并且大多流于形式,对具体实践的安排不足,没有将校本课程和地校课程与国家课程相结合,简单地利用国家课程的资源,学校办学没有明显的特色。因此,国家和各小学应该加强对素质教育和全面发展理念正确的认知和理解,促使我国儿童全面发展朝着正确的方向前进。

此外,我国初等教育还存在重视知识不重视能力、忽视各阶段教育之间的衔接、素质教育信息收集不全、基础设施不完善、教育不公平等问题,教育改革仍需完善和提高,初等教育仍需继续加强建设。

# 第二章　我国教育家的小学生全面发展观

如何提高小学生的能力？尤其是全面的能力？我国的教育专家是如何认识学生的全面发展观的呢？他们是如何进行学生教育的呢？为此，我们经过整理，列举了部分国内教育专家的学生全面发展观。

## 第一节　孔子的教育观

### 一　简介

孔子（公元前551—公元前479年），祖上是春秋时期宋国的贵族，其是春秋末期鲁国人，他早年丧父，虽是贵族，但家境贫寒，好在其勤奋好学。孔子曾受业于老子，后率弟子周游列国十四年，晚年归鲁，继续讲学，整理古籍。曾修订六经，即《诗》、《书》、《礼》、《乐》、《易》、《春秋》。相传他有弟子三千，其中有七十二贤人。孔子于公元前479年4月11日逝世，享年73岁，众弟子为其服丧3年，子贡为孔子守坟6年。且其去世后，其弟子及其再传弟子把孔子及其弟子的言行加以整理和记录，编成儒家经典《论语》，共20篇。

孔子是中国古代著名的思想家、伟大的教育家和成就显著的政治家，可以称之为当时社会最博学之人，他不仅是创办私学的第一人，还是当时诸子百家中儒家的创办人。孔子的思想和学术研究融汇春秋之前上古文化的精华，尤其是其有关儒术的各种思想对中国后代的文化、教育、政治都有深远而广泛的影响。在当今社会，全中国各地都建有祭祀孔子的孔庙，当代作家华轩居士也曾在多篇作品中颂扬他。

### 二　教育思想

孔子创办儒家学派、创造了儒家学术，他对之前时代的教育积极进行改造，是中国教育史上最早的学校教育的开办者和最伟大的教育家，可以说，他在教育上的贡献和作用是无人能及和无人超越的。其主要教育思想如下：

（一）私人办学

孔子打破了国家政府控制学校教育的局面，创办了私学，教育了一批批的优秀学子，为私学的传播和发展奠定了基础。孔子创办的学校教育丰富了教育形式，大大弥补了官学存在的缺点和不足，为学生接受教育提供了便利和条件。官学和私学共同发展的局面推动当时文人之间学术的沟通，形成了当时各国爱好学习之人相互游学、讨论的学习大潮，为之后各种各样学派的出现创造了思想条件和学术风气，对百家争鸣繁荣现象的出现打下深厚的基础。

孔子创办的民间教育学校的价值，不仅在于打破官学对学校教育的垄断和控制，还为自由讲学和学术自由创造了场所和条件，并且，孔子各种因材施教的教育思想也深刻地打击了当时死板的官学教育，创造了轻松、舒适、自由的学习氛围和教学模式。此外，私立学校的教师能够根据自己的思想和价值观念选择教学内容和教学方式，对当时新观念和新思想的传播和产生奠定了基础，为学生的思想启蒙发挥了重要的作用和影响。

孔子开创的私人办学讲学的形式与中国政治统治下的官方学校一直持续到当代社会，可见其影响的深远。私学的广泛兴起是通过各种各样的形式前进，它是对官方学校的教育内容和模式的弥补，其独特的教育方式不可能被官方学校取代。孔子私立学校宣扬的自由的讲学风气，成为后来学术发展的模范，尤其对国外的学术传播和教育的自由发展产生了巨大的影响。

（二）有教无类

孔子虽然是贵族阶级，但是他打破等级差距的传统观念，提倡"有教无类"的平等教育思想，可以说是我国教育史上倡导大众教育的第一人。所谓"有教无类"是指学校在招收学生方面，不对学生的家族地位、贫富水平、种族优劣做出区别划分，一律进行平等的教学，享受公平的教育。这种教育思想和模式为每个人受教育提供了便利条件和思想启蒙，打破只有贵族子弟才可以进行教育的古风，普及了大众教育，为平民百姓接受教育打开宽广的大门，为普通大众进入仕途提供条件和途径。

孔子宣扬"有教无类"的思想是源于他"爱人"的思想观念。孔子认为人不应该有贫富贵贱、聪明愚笨、族内族外、贤良与不贤良之分，在教育上，每个人都有相等的接受教育的权利，人与人之间应该相互爱护。因为有了爱人的"仁"的优秀品格，才能够激发个体孜孜不倦的学习精神，养成独立、豁达、贤良的优秀品德，这些也恰恰是"有教无类"思想的出发点和落脚点。

孔子宣扬"有教无类"思想的另一个原因是他对人性的理解，他相信人先天的性情和品行是相近的，只是因为后天接受的教育经历不同导致性情相差越来越远，与个体家庭背景和国家种族没有直接的关系。既然人与人之间的本质属性是相近的，那么就应该享受平等的教育权利和教育内容，不应将贵族子弟划分为高贵、优等人的范围独享接受教育，这是孔子从人性的角度探究公民接受教育的合理性与合法性，其理论思想十分先进。

（三）尊师重道

孔子还是第一位倡导尊师重道的教育家，其思想经过千年的沉淀成为中华民族优良的品德。孔子说："志于道，据于德，依于仁，游于艺"。[1] 大体意思就是说，人树立志向的目的在于实现其对"道"的追求，而要想达到个体的追求就要以高尚的道德修养和品德修养为支撑，并且，若每个人皆具有"仁者爱人"的心胸和价值观就不会出现违背道德规范的现象和行为。因此，在孔子的观念中，"道"是至高无上的存在，甚至发出"朝闻道，夕死可矣"[2] 的历史高呼。

由于幼时清贫的苦难生活，孔子发誓必要学有所成，为了达到这一目标，他不耻下问，向各行各业的人请教学习知识。孔子广博的知识积累和生活阅历与广大的人民群众和指教他的人有密切的关系。再加上他追求"仁者爱人"的道德修养，他十分重视学生对教师的尊重和对教育的崇敬。孔子认为每个个体在学习之前的知识储备和技能修养都是有一定的限度的，要想达到更高的水平就要真诚、虚心、诚恳地向比自己明白的人请教，不要因为对方有不如自己或者身份地位不如自己就放弃对知识的追求。孔子将向别人请教作为获得知识的重要途径，学生甚至于要"不耻下问"。当然，孔子宣扬的"学"、"问"不是随随便便进行的，而是在

---

[1] 詹艾斌：《孔子"游于艺"命题读解》，《汉江论坛》2005年第4期。
[2] 廖名春：《〈论语〉"朝闻道，夕死可矣"章新释》，《清华大学学报》（哲学社会科学版）2009年第9期。

"道"的基础上进行的。这种教育模式不是对教师本身的轻视,反而是孔子尊师中的较高层面的内容,是对知识和道德品质的真诚追求的态度。

孔子尊师重道的教育思想,丰富了中华民族文化的发展和传播、丰富了文化的多样性,促进了民众思想的启蒙和解放,促进了学术自由和教育自由的学坛氛围,促进了我国优秀礼制的创立……总之,孔子的这种教育思想对我各国的发展做出了不可磨灭的贡献。

(四)德才兼备

孔子认为受教育者要同时兼具德和才,并且制定了如何培养君子的德、才共同发展的教育目的和教育内容。他主张教育的目的是培养德才兼备的人才,并且人才的思想境界要立志于"道"。因为德才兼备的人才能够在国家治理上实行德政,真正做到以德抚民,发挥教化百姓的作用,创建繁荣昌盛的国家。因此,孔子高呼"夫仁者,己欲立而立人,己欲达而达人"。[①] 怎样处理其中的关系呢?具体说来就是学生如果想要拥有独立的人格和豁达的心胸,首先要帮助别人获得这样的人格和心胸。通过人与人之间的这种积极的影响,社会风气才能变得更好,国家才能随之变得更好,这才是孔子教育的最终目标。

孔子宣扬的知识、道德、能力、艺术等方面的教育内容是为了培养学生的道德和才能服务,此外,教育还要教授学生历代的文献知识;提高学生道德素质;教导学生对人忠心、对人讲信用等。同时,孔子也强调"六艺"——礼、乐、射、御、书、数等实用知识和技能的学习与了解。孔子也并不是简单地强调道德教化作用,还强调将六书等相关的历史文献知识和国家的实际需要结合起来进行教学,只有对学生进行了全面的教育工作,才能培养出国家需要的人才。孔子根据每个学生的特征进行有针对性的教学,为当时的教育工作做出了重要的贡献。

(五)教学方法

孔子根据当时政治需要和学生知识需求,创造了各式各样的教学方法,具体表现如下:

一是因材施教,循循善诱。孔子了解每个弟子的脾气和秉性,然后他根据每个弟子的具体情况,做到"因材施教"。孔子按照一定的步骤对学

---

[①] 曹雨:《论语之己欲立而立人,己欲达而达人》,《青少年书法》2010年第11期。

生循循善诱、逐渐引导，培养学生良好道德品质和高水平的综合能力，实现全面发展。

二是学习和思考相结合，不启不发。孔子认为将学习和思想有机结合起来才能学得更好，单纯的学习效果并不理想。孔子强调"不愤不启，不悱不发，举一隅不以三隅反，则不复也"① 的学习方式，学生学习和思考相结合的学习习惯是在教师循循善诱下养成的，真正良好的学习习惯是在学习的基础上善于运用大脑，学会举一反三，能根据典型事例解决相类似的一系列问题，学会独立的学习和生活。

三是师生之间多加交流，相互促进，做到教学相长。孔子认为真正的教育下的学生应该自由地表达自己的思想和志趣，师生之间畅快地进行平等的对话和问答，在交流讨论中促进知识的增长和见识趣闻的增长。在个体情感层面，师生做到相互尊重彼此的人格，像朋友、父子般地真诚相待。通过这种自由的畅谈和教师的多加引导，使学生的志向更加坚定，人生目标更加明确，道德选择更加正确，政治选择更加精确。这种师生相互交流促进的教学模式是教学相长典型的模范。

孔子的教育思想是我国教育史上辉煌的成就，在人类教育史上也做出了伟大贡献。孔子教育思想里的智慧，对于今天教育体系改革和完善以及新课程改革具有十分重要的借鉴作用。

### 三　全面发展观

论语说："子曰：君子不器。"② 意思就是说，君子不是具有片面用处的工具。孔子关于君子不器的思想，是希望人要进行全面发展。孔子要求自己的学生做到全面发展，要求学生提高自身的综合素质水平。

孔子强调通过音乐培养熏陶学生，可以激发学生内在的情感世界，提升学生的精神境界。并且，音乐又可以对学生起到熏陶和陶冶性情的作用。"诗"培养学生的知识修养，"礼"培养学生的道德品质修养，"乐"培养学生的情感修养、价值修养，"诗"、"礼"、"乐"三者有机结合培养学生的真、善、美，促进学生的全面发展。此外，如果学生想要达到最终的"君子"境界，还要在"诗"、"礼"、"乐"的基础上做到不随便在背后对别人进行评论、不随便在背后偷听别人的言论、在自己独处时不随

---

① 甘民：《孔子"举一隅不以三隅反，则不复也"主张探幽》，《湖南城市学院学报》2003年第5期。
② 王大庆：《"君子不器"辨析》，《北京师范大学学报》（社会科学版）2007年第2期。

便有所为。当今社会是科技发展和进步的时代，单一的人才已经无法满足社会发展和学生自我的需求，社会发展的趋势要求学生全面发展。此外，孔子在德育、智育、学术教育等方面的主张和要求，对当今建设中国特色社会主义社会具有积极的影响，值得我们学习和研究。然而，孔子的思想再怎么进步也是针对两千多年前的社会提出的，毕竟会存在一些不足和漏洞，我们在素质教育探索方面进行借鉴时，要认真辨别，选择适合当今时代发展和人才需求的先进观念，摒弃糟粕。

## 第二节 胡瑗的教育观

### 一 简介

胡瑗（993—1059年），北宋时期著名学者，伟大的思想家、教育家，理学先驱。胡瑗一生从事教育工作，对教育有着自己独到的见解，他先进的教育理念和教育思想给世人留下了丰富可行的教育制度和教育经验，为我国的教育事业做出了巨大的贡献。

胡瑗一生著作颇丰，40岁时毅然放弃科举回到家乡办起了安定书院，1040年被范仲淹举荐为丹州军事推官，此间著有《武学规矩》一书，1044年，胡瑗和阮逸在司马光和范景仁的支持下花费三年时间兴办了一所中央太学，此间两人还合著了《皇祐新乐图记》3卷，1952年被任命为国子监直讲。他积极进行教育实践活动，将教学理论应用于实际教学过程中，不断验证理论的真理性。著有《论语说》、《春秋口义》等著名论著，给世人留下了宝贵的精神财富。

### 二 教育思想

胡瑗的教育理论与实践，给当时的教育界注入了新的活力，也启发了后世教育理念的创新，是教育界丰碑式的伟大人物。他在施教期间，为贯彻"明体达用"的思想，做出了很大的努力并取得了成功，同时他大胆改革教育，在中国教育史上首先创立了分斋教学的制度，为中国培养了学有专长的人才。他主张广泛建设学校，大兴地方官学，他认为学校可以培养众多的人才，更为重要的是它可以安抚民心，维护封建统治秩序。其在任教期间，亲手制定了一系列的教育制度，积极探索办学新路，言传身教，他强调学生要有一个好的身体，要求学生积极进行体育活动，增强自我体质；并且，强调学生在接受德育和智育教育之后，更进一步接受乐教，陶冶个体自我的性情。他所提倡的体、美、音乐教育，在中国古代教育史上，不能不算是一大开拓创新。

他在湖州主持州学期间创立了分斋教学制度，根据学生的心性差异分别将他们划入经义斋、治事斋，接受儒教经典教育、治国安民教育、习武修身教育、民事水利教育等不同的学科类别，体现其因材施教的教学思想。胡瑗仔细了解每个学生的个性特征之后，依据其特长和当前能力水平进行教学工作，帮助每个学生发展自我的专长，能够经过教育的洗礼成为有所成就的人。胡瑗这种因材施教的教学方式极大地调动了学生学习的积极性，取得良好的教学效果，促进了人才的培养。

### 三　全面发展观

综观胡瑗的一生，致力于中国教育事业，依据学生之间的个性特征和心理发展特点，设置不同的教学科目，发展学生的专长，因材施教。最具那个时代全面发展理论典型特征的代表是胡瑗经过不断的教育实践活动，不断地丰富、创新、变革其教育方式、方法，促进学生的不断成长、成才。为了避免使学生的眼界狭隘，不知变通，胡瑗强调加强学生学习过程中的具体实践活动，带领学生多加观察生活、亲近自然，通过形式各样的实践活动增强学生的知识广度和深度，拓宽眼界。经过不断的教学实践活动，胡瑗形成了另一个教学特点，即在实践、游戏中不断学习，掌握知识的学习模式特征。

胡瑗虽没有明确地认识到知识与经验的关系，但是他已经注意到了实践活动对人的巨大影响，因此，在以后的教学过程中，他经常带领同学们进行游历活动，亲身实践了解山河的美丽和风情。虽然与当时的科举功名之风相悖，但是为我国教育界注入了一股新鲜的空气。胡瑗对学生进行的道德教化作用和实践感化活动对学生具有较强的感染力和说服力，教育影响深远。

他虽身处宋代，但其提出的许多思想，在今天仍有很重要的影响，例如他提出的知行合一思想，不仅注重学生知识的培养，更要求学生将所学的知识融入社会实践中。胡瑗在教育上的成就不仅对当时中国古代的教育有重要的影响，对当今中国的素质教育仍有深远的影响。

## 第三节 朱熹的教育观

### 一 简介

朱熹（1130—1202年），南宋著名的思想家、伟大的哲学家、成功的教育家，闽学派的重要代表人物，儒学集大成者，世尊称其为朱子，赞他是孔孟以来弘扬儒学最杰出的大师。他19岁进士及第，多次担任地方官职，仕途坎坷。朱熹是唯一非孔子亲传弟子而享祀孔庙，位列大成殿十二哲者中。他是程颢、程颐的三传弟子李侗的学生，曾为宋宁宗皇帝讲学。朱熹死前仍在编修《大学诚意章》，但是直至死亡都没有树立自己的理学。

在理学发展史上，朱熹是集大成者，中国封建时代儒家的主要代表人物之一。他继承了北宋时期程颢、程颐的理学，完成了客观唯心主义的体系。这一体系的核心范畴是"理"。在理与气、理与物的关系上，朱熹主张理气统一，他认为理通过气产生了万事万物，是万物的根据和本质。他的学术思想曾是元、明、清封建统治阶级的官方哲学，成为巩固封建社会统治秩序的强有力精神支柱，朱熹十分强调三纲五常，其主张对后期封建社会的变革，起了一定的阻碍作用。朱熹的学术思想在世界文化史上，也有重要影响。朱熹一生主要著有《四书章句集注》、《通书解说》、《周易读本》等著作，其中《四书章句集注》成为钦定的教科书和科举考试的标准。

### 二 教育思想

朱熹一生致力于教学实践活动，曾编撰过《四书集注》等多种教学书籍，培养了一批批的人才，他博大精深地叙述"小学"、"大学"、"朱子读书法"等教育思想对我国的幼儿教育和成人教育有重要的影响。

（一）对教育的阐释

朱熹继承前人先进的教育观念和理念，经历后期不断的教育实践活动，总结了一系列的教育理念和经验，从个体心理特征和生理特点的发展规律的角度，将教学体系划分为"小学"和"大学"两个紧密的时期，并且根据学生不同时期的特点规律，详细说明了两个时期各自的教学任务、内容和方法。朱熹将8—15岁的儿童划分到小学教育时期，此时教育的主要任务是为大学时期培养大批贤人奠定基础。但是，由于此时期的儿童智能发展未完成，智力尚不成熟，所以，小学阶段教育的主要任务是学会独立生活。具体来说就是通过日常生活的具体事例，明白基本的纲常伦理，养成良好的生活行为习惯。此外，还要学习基本的历史文化知识，为下一阶段的教育打下基础。

在具体的教育方法方面，朱熹强调尽早进行儿童教育，运用形象生动的教学材料，激发儿童的学习兴趣和好奇心，促进儿童道德品质和知识修养的发展。在德育上，朱熹认为《须知》和《学规》对儿童道德的养成有巨大的作用，应该以此为教材进行教学工作。15 岁之后属于大学教育时期，主要就是为国家培养所需人才，教育为政治统治阶级服务，因此，教学重点是"教理"，即研究事物的根本。在大学教育时期，朱熹主张学生自学为主，学生之间多加学术交流为辅，其教育见解和主张促进我国教育思想的大力发展。

（二）朱子读书法

朱熹的学生根据其教授读书的方法归纳为六条，主要有"循序渐进、熟读精思、虚心涵泳、切己体察、着紧用力、居敬持志"。其中"循序渐进"包含三层意义：第一，读书是按照从前往后的顺序进行的，不能前后颠倒或者跳学；第二，既然要读书，就要尽个人最大的努力去做，不要随意放弃；第三，读书就要精读，不要囫囵吞枣。所谓"熟读精思"就是做到熟读甚至能够熟练地背诵出来，并且能够仔细思考文章所讲的内容，有所理解。"虚心涵泳"指的是读书就要反复不停地品味文章的意味。"切己体察"指细心地把握文章的主旨和思想感情，并能够把在文章中的体会运用到实际生活中去，而不是虚而不用。"着紧用力"包含两方面的意义：一是读书必须抓紧时间，发愤忘食，反对悠悠然；二是必须精神抖擞，勇猛奋发，反对松松垮垮。"居敬持志"主要指学生读书必须集中注意力、全神贯注地全身心投入学习，并且树立高远的志向，长期为之而努力。"朱子读书法"形象、具体地反映了当时朱熹对学生读书的要求和提供的意见，其有些要求对我们当今读书仍有借鉴意义。

三 全面发展观

朱熹的教育思想中，对学生的生理和心理特征的论述，尤其是对初等教育的论述具有素质教育的理念。朱熹将教育划分为 8—15 岁的"小学"阶段和 15 岁之后的"大学"阶段，并认为"小学"阶段的儿童智力和个体的思维能力都很薄弱，因此教育就是将基本的文化知识传授给学生，让其在日常生活的实践中养成伦理道德规范。并且，朱熹认为"小学"阶段的教育进行得越早越好，主张先入为主。教师教授的内容要生动、活泼，能够激发儿童的学习兴趣。其关于"小学"的论述，涵盖了教学内容、教学方法、教学技巧、活动课程的安排等方面，其中很多理论和主张与当今素质教育改革不谋而合，对我们进行素质教育探索具有重要意义。

此外，朱熹关于"大学"阶段的论述也体现了素质教育观。他认为学校教育的目的是培养国家需要的人才，但是和"小学"阶段不同，"大学"阶段重在教授"理"，即探究事物的本质和对错。在教学方法上，他主张学生自学和人与人之间的交流讨论。不得不说，其关于教育的思想和主张为当时教育界注入新的活力，甚至对当今教育发展有重要的启发。

## 第四节　王阳明的教育观

### 一　简介

王阳明（1472—1529年），又名王守仁，学者们称之为阳明先生。是明代著名的思想家、文学家、哲学家和军事家，也是陆王心学之集大成者，精通儒家、道家、佛家。他一生的学术思想成就在亚洲地区影响深远，对国外的诸多国家的教育思想产生巨大的影响。而且其弟子非常多，世称姚江学派。他的文章也博大昌达，行墨间有俊爽之气。王阳明一生著有《传习录》、《〈大学〉问》等著作，在他死后，其弟子根据其生前的著作和文章合成《王文成公全书》，王阳明与孔子、孟子、朱熹合称为"孔、孟、朱、王"。

王守仁继承了陆九渊的心学思想，与程朱学派进行对抗，是宋明时期心学的传播者和代表人物。他主张通过不断反省自我内心的方式，达到万事万物于一体的高深境界，他所宣扬的"知行合一"和"知行并进"的学说主张目的在于反对程朱理学宣扬的"知先后行"和各种各样的把"知"和"行"分开来看的主张和说法。在儿童教育方面，他反对通过身体惩罚达到目的，主张让儿童发自内心地接受教学达到不断发展进步的目的。王守仁进一步将陆九渊的心学发扬光大，独成阳明学派，对当时学术界产生很大影响。他死后，"王学"逐渐分裂成不同的小流派，但是其同出一宗，总体主张一致，只是各自在具体看法和细节方面存在差异。王阳明所教的弟子及其自我的心学思想对后世影响深远，影响了一代代人，例如张居正、海瑞、陶行知等人。

**二 教育思想**

王阳明最主要的教育著作便是《传习录》，分为上、中、下三卷，收录在《王文成公全书》中的一至三卷，也有单行本流传后世。王阳明流传后世的《传习录》是他的学生徐爱和钱德洪负责编辑而成的，被奉为阳明学派的教学经典之作，也是后人对王守仁教育思想进行探究的重要材料。

（一）致良知

王阳明把人心中的天理称为"良知"。良知即心的本质，有了良知就能预先判明是非善恶，知晓天地之间一切事物的道理，了解什么事该做，什么事不该做。即人人都是平等的，都有接受教育的权利和可能，并且，每个人都有成为圣人的可能。在王阳明看来，人的良知在人的整个生命中始终存在着，既不会减少，也不会丢失，但可能会因为习俗以及私欲的影响而受到蒙蔽。因此，人就有受教育的必要。他认为，教育的作用就在于去掉后天与外物接触所生的各种"昏蔽"，从而恢复良知，以达到良知的极致，也就是所强调的"致良知"。

（二）知行合一的道德教育观

在知与行的关系上，王守仁反对朱熹的"先知后行"的主张，他认为知道了解道理和践行道理是同步的、一致的。如果只是局限于了解，没有真正地去实践，那就不能算真正地了解掌握，因为真知是在实践中不断检验和验证的，在实践中产生的知识才是真正的知识，真知和行动同步。

在道德教育中，知行脱节、言行不一是普遍存在的问题。针对道德教育中的这种弊端，王阳明认为其主要原因是在实践的过程中将知行两者分离。因此，他提出了"知行合一"的观点。知与行是相互渗透、循环推移的。

（三）唯求其是

王阳明提倡学生学习就要追求它的本源，不要半途放弃学风，并对此进行过一定的阐释。即使是在当今社会，王阳明的唯求其是的思想对我们学习、生活、处事仍有积极的影响和作用。

### （四）心外无理

王守仁的学说思想和主张是在陆九渊学说的基础上发展而来的，并不断发扬光大，因此，将其和陆九渊合称为"陆王学派"。陆九渊从"心即理"的角度阐述格物致知的首要做法就是找到个体的本心，但是王守仁却不支持陆九渊的主张，并且他反对程朱理学将追求"至理"作为格物致知的方式，他认为事物之间的"理"是无穷无尽的，要想"格"除就必定会十分麻烦和烦琐，"理"实际上是来自宇宙的万事万物，其精华存在于人的内心，因此，他强调从个体的内心去找寻"理"。

### 三 全面发展观

王阳明强调知行合一的道德教育方法，要求教育者在进行教育的时候，不要把知与行二者割裂开来，二者是相互渗透、并行发展的。只有知行二者相互结合，才能促进学习者更好地发展。这也是全面发展教育观的一个侧面。全面发展就是强调让学习者各个方面都得到发展。也就是王阳明先生所强调的知行要合一，二者一起发展，而不是只侧重一个方面而不顾其他，即要求和谐发展。

此外，王阳明阐述了教育的重要性，认为只有通过教育才能去除个体后天的"昏蔽"，恢复良知。从另一个方面讲，王阳明认为通过教育才能培养出德行、品德良好的人，教育的作用在于其养成道德高尚、品质优秀的人。王阳明在教育上的阐释从唯心主义世界观出发，虽然有其不科学的一面，但是其对教育即德育，知行合一的德育观的阐述对当今教育探索仍有借鉴作用。

## 第五节 严复的教育观

### 一 简介

严复（1854—1921年），近代著名的翻译家、教育家、新法家代表人物。他14岁的时候到福建船政学堂学习，后又到英国留学，毕业于格林尼茨海军学院，也注重研究西方社会政治。回国后在北洋水师学堂任总办，培养了中国近代第一批海军人才，还参与创办了一些新式学堂，如天津俄文馆、北京通艺学堂、上海复旦公学等。他也是维新运动的主要倡导者之一，但没有直接参与戊戌变法。他翻译了《天演论》、创办了《国闻报》，系统地介绍西方民主和科学，宣传维新变法思想，并将西方自然科学、政治经济学、哲学等各科先进的思想传入中国。严复还是清末著名的翻译家，翻译《侯官严氏丛刊》、《严译名著丛刊》等多本著作，并提出"信、达、雅"的外文翻译标准，对后人进行翻译工作提供翻译标准和原则，被后人称为"近代史上向西方国家寻求真理救国之道的先进中国人"。

严复的著述很多，尤其是系统翻译介绍了大量西方学术理论，人称"六十年来治西学者，无其比也"。其中影响最大的是他翻译赫胥黎的《天演论》，第一次将生物进化的思想传入中国，为中华民族的思想启蒙做出了贡献。他在翻译时所加的按语中，阐明中国衰败的原因就是民力、民智、民德都不如人，如果不能从根本上改进的话，亡国灭种可以说是必然的。这种观点当然有明显的错误，但从一个全新的角度阐释了中华民族将要面对的生存危机，激励当时爱国人士的爱国热情，有利于蒙昧大众接受亡国的启蒙教育，在当时产生巨大的影响。

**二 教育思想**

（一）提倡教育救国

从进化论的观点出发，严复认为一个国家兴衰存亡的主要原因在于自身状况。在严复看来，中国弱的缘由在于民众的智力水平闭塞、尚未开化，国家的学术水平较低，学术成就空缺，国家整体的综合实力弱，没有竞争力。想要拯救国家于水火之中，增强国家的综合国力和竞争力的唯一好的方法就是启发民众的智力，即全面提高民众的整体素质。他并不看好维新变法的政治改革方法，认为不开发民众的智力，即使变化也会灭亡。所以，当前的重任就是通过教育开发民众的智力。严复将教育作为开发国民智力的根本途径，认为消除政治上的阻碍，教育改革将会进行得更加顺利和完善，"教育救国论"是他的一个突出思想特点。

（二）呼吁变法，重视妇女教育

严复主张尽快地进行变法革新，否则国家将会很快地灭亡，变法的第一步就是废除八股，大兴学校教育，建立完善的学校教育体系，实行普遍的教育以"开民智"。此外，严复还主张要加强妇女教育，认为这种方式是广大女性摆脱封建礼教束缚的重要途径，同时也是广大中国女性同胞开始自强的标志。严复赞同妇女自强是国家富强的根本的观点，从挽救国家危亡的角度主张男女同校、同读，即女性打破礼教束缚，和男性一样参加学校教育，参加社会实践活动。他反对和封建私塾无差别的无实践活动的女学堂，认为那是毫无意义的教学活动。严复将女性参加教学活动看成是妇女解放的重要途径，尤其强调社会实践活动对妇女解放的重要作用，他的这种做法和主张在当时具有十分先进的意义。

### （三）提倡学习西学

严复早期对西方文明极为推崇。他在《论世变之亟》中对比中西之学的一系列差别，基本上都是颂扬西学而贬抑中国传统。例如中国亲亲，西人尚贤；中国尊主，西人隆民；中国委天数，西人恃人力；中国夸多识，西人尊新知等，他的结论是要想强调富强并不一定非得通过向西方学习才行。严复十分反对洋务派"中学为体，西学为用"的思想主张，认为中西之学各有其体用，就西学而言，是以自由为体，以民主为用。出于这个立场，他也不支持谈论到底是西方的政治重要还是西方的科技艺术更加重要。虽然严复过于夸大西方学术的作用和进步性，但是，他又强调从整体上看待西方学术，主要是学习西方当时先进的民主和科学的方面，而不是简单地模仿，这在当时又是十分高明的见解。

### （四）论三育并重

严复是中国最早论述三育并重的教育家，他强调体育、智育和德育同等重要。其中，体育是提高国民素质的基础，近代中国人身体素质水平低下，被外国人嘲讽为"东亚病夫"，想要改变这种积贫积弱的局面就必须加强国民的体质锻炼，从而增强国家的综合国力。国民的智力水平是国家富强的根源，提高国民智力主要依靠提高国民的知识储备和解决问题的能力，因此，教育不能是闭门造车，要学会实际运用，真正做到开发国民的智力。严复强调三育中最重要的是德育教育，但是德育教育不能是封建纲常伦理道德的教育，而是要树立新时代的国家功德教育和社会公德教育，尽力全新的公民道德标准和规范。

## 三 全面发展观

制定"德、智、体"全面育人的方针是严复对中国近代教育的卓越贡献之一。严复将国家政治体制改革的目标转向国家教育层面，主张国民素质的提升和国家综合国力的提高离不开教育。如果不改变当前国民积贫积弱的局面，那么国家的救亡图存目标是难以实现的。除此之外，严复还继承和发扬了斯宾塞"德育"、"智育"、"体育"的三育学说，主张从德、智、体三方面改变和提升国民素质，实现教育全面育人的教育目标。

严复在猛烈抨击封建传统的教育制度的同时，开始寻找新的教育目标，从 1845 年发表《原强》开始，运用各种各样的方法和途径引进斯宾塞的"三育论"，强调教书育人要以提高智力、增强体质、提高道德品行为教学原则，并且认为如果民众无法提升具备以上三点，就不是优秀民众；具备以上三点的民众，国家不可能不强大。因此，他主张当今的一大重任就是提高国民的智力、鼓励民众加强身体锻炼，增强国民的道德建设。严复的这种在学习西方先进科学技术的基础上，培养国民的德、智、体育的新教育观，是我国近代教育最早的要求人全面发展的教育思想，对之后梁启超的"新民"思想产生重大影响。严复以进化论和近代自然科学为基础，正是克服了中国传统教育偏重伦理的局限，包含较多的科学与进步的成分，对我国当前素质教育改革具有较大的借鉴作用。

## 第六节 张伯苓的教育观

### 一 简介

张伯苓（1876—1951 年），原名寿春，字伯苓，他于 1907 年开创南开中学堂，至 1927 年已经形成了从小学、中学到大学完整的教育体系，他先后担任校长四十余年，培养出众多优秀的人才。张伯苓主张教育救国的理念，学校教育要注重理工科的教育，大力对国民进行科学技术教育。他十分反对学生参加社会政治活动，认为学生的主要任务是学习，不应过早地介入政治生活，但是，他也在之后的政治活动中对进步师生进行保护。

张伯苓是我国伟大的教育家、著名的戏剧者以及首位倡导奥运会的中国人，被誉为"中国奥运第一人"。他在早年目睹清政府的腐败和帝国主义对中国的欺压之后，决定兴办学校，大兴教育，教育广大青年爱国主义和科学知识。国民强国家才强，提升国民的素质做到抵御外敌，振兴中华民族。他把教育救国作为毕生信念，一生致力于教育救国的工作，凭借其高昂的爱国主义热情，培养了一批批优秀的爱国主义人才，周恩来同志就是其中杰出的代表。张伯苓被尊为"中国现代教育的一位创造者"。

### 二 教育思想

张伯苓的美育和美育心理思想，主要表现在他的音乐教育和环境教育两个方面，其对于学生实际工作、成绩显著方面的论述没有涉及美育心理理论方面的分析研究。

（一）音乐教育

南开院校对音乐、美术的教育虽然没有对体育和戏剧教育那么重视，但相比同时代的一般学校则更为重视，其在这方面做出的工作成绩也较显著，南开学校的这种教学风气与张伯苓十分重视美育有关，他首倡戏剧美育，认为戏剧是一种综合的艺术，戏剧的出演需要音乐和美术的双方面配合才得以完美展现。

张伯苓如此重视对学生的音乐教育也源于他幼时所受家庭影响，他的父亲张久庵放弃科举仕途醉心于乐器研究，最擅长的乐器是琵琶，曾被天津人赞誉为"琵琶张"。其父对音乐的痴迷程度使张伯苓从小耳濡目染，深受音乐的熏陶，因此，他非常喜欢和欣赏音乐，正是这种对音乐的欣赏使得张伯苓在音乐教育方面有所成就。正是对音乐的重视，张伯苓在选择音乐教师方面也十分重视，聘用陈子诚、阮北英、徐剑生等当代名师，其在音乐教育方面的影响源远流长。

（二）环境教育

张伯苓在南开大、中、小学都十分重视对学生进行爱护环境的教育，并且将深深的爱国之情融合在对环境美的教育之中。出于对环境的欣赏和爱护，张伯苓不单单将学校建筑看成简单的教学使用场地，还看到了学校对学生的心理暗示功能，将教育的内容融合到建筑中去，建设具有文化属性的校园。在创校之初，他的经费是十分拮据和困难的，但是，他并没有因为经费不足就一切从简，依旧十分重视学校建筑对学生学习的巨大影响，注重建筑的美感带给学生的审美影响。虽然，张伯苓一生都没有发表过任何和建筑艺术对教学工作的影响的相关书籍或文章，但是，他一生的教育活动都在实践证明建筑与学生美育的密切关系。为了培养学生拥有美好的心灵，张伯苓将学校的建筑风格和校园环境管理有机结合起来，创造优美的校园环境，用外在环境因素促进学生美育教育。

环境美能够影响学生的心灵美，心灵美的人才能够积极地创造、维护美丽的环境，在美育教育工作方面，张伯苓还提倡"镜箴自鉴"、"考美"等美育教学措施。所谓"镜箴自鉴"就是在学校的办公楼和教学楼正对着大门的地方，放一面大镜子，让全校的师生能够随时对着镜子自我"鉴定"，检查自己是否仪容整洁、心灵美、言行举止优雅合礼。这种随时进行自我检查的习惯有利于学生自觉地遵守纪律，自觉地改善自己的素质和品德修养，创建美丽的校园，培养美丽的学生。所谓"考美"，指的是加强对学生宿舍范围和教室地区的卫生检查，张伯苓这种对环境美的追求，使得南开形成重视校园美建设的校风。

（三）"公""能"教育

张伯苓在教育方面最大的成就应当算其"公""能"教育，就是对学生社会公德的教育和个人能力养成的教育，二者融社会教育与个人教育于一体，是一种整体的教育模式。这种教育的宗旨以教育让受教者充实个体需求和受教者自我进行充实为宗旨，教育不是为了学生自己学习得更好，而是让国家、整体群众、政府全面得到提高。在他所宣扬的教育宗旨之下，张伯苓不断地改进教育方法，在其虽有的教学措施和方式上都本着这个原则进行工作，朝着目标前进。张伯苓特别强调加强对表现优秀但是家境贫寒的子弟的关注，因为他认为教育是没有高低贵贱之分，只要平等地接受教育的锻炼，加以努力，都能够成为社会上的可造之才。在具体的教学工作中，张伯苓主张学生养成独立自主的人格，同时又能够让公众信服，避免在学习中出现空谈不下劲的现象。此外，张伯苓还强调教育不能与社会脱节，以免培养出来的学生无法为社会做贡献，成为社会的有用之才。

**三 全面发展观**

张伯苓十分注重对学生的"德、智、体、美"四育的教育与发展工作。在他看来，教育不仅是为了将书本上的知识教授给学生，还要教给学生学会如何做人和如何学会学习，如何培养能力，即"授人以鱼，不如授人以渔"。在学生德育工作方面，张伯苓也制定了十分全面的措施，建立了很多可行的教学方法，而且，他还积极地提倡加强学生的科学教育，以启发学生的智力，促进国家文明的发展和公民素质水平的提高。在体育教育方面，张伯苓的思想极富个性，他一生身体力行几乎参与了当时中国所有的重大的体育比赛，用实际行动带领教育事业中的体育发展。他所倡导的体育教育并非简单的教学活动，而是有更深层次的含义，即强调体育和德育之间的有效结合。其目的在于通过体育运动和比赛锻炼学生坚强的意志和优秀的品格，培养学生优秀的体育精神，在运动场上最能够展现团队合作、竞争和对待胜败之举的看法的精神状态，能够对学生进行更好的精神学习引导，这些恰恰是作为现代文明公民所必需的优良素质。张伯苓对德、智、体、美、劳的重视，正是对学生全面发展的倡导和拥护。在当代社会，民族竞争的核心是人才之间的竞争，人才素质的高低又是人才竞争胜败的关键因素，因此，提高全民族的整体国民素质是十分必要和重要的，全面发展的素质教育更是站在国家乃至世界的角度做出的教育改革决定，对国家和个人的发展影响深远。

## 第七节 蔡元培的教育观

### 一 简介

蔡元培（1868—1940年），我国伟大的教育家、杰出的教育思想家、著名的民主革命家。在中国近代史上，蔡元培对中国的教育和革命做出了不可磨灭的贡献，著有《蔡元培教育文选》、《蔡元培教育论著选》等教育论书籍，人们称赞他为一代宗师，毛泽东称其为"学界泰斗，人世楷模"。

在中国近代动荡、腐朽、骄奢淫逸的社会背景中，蔡元培对中国传统道德思想做出冷静的分析与判断，根据中西文化的特点构建新时代的道德并积极地进行实践。蔡元培所提出的众多教育思想中，德育思想更是占有相当大的比重，对当代以及后代众多中外学者有极其重要的借鉴和研究作用。蔡元培经历清末至近代中国的风雨历程，致力于废除封建主义的教育制度，为我国的新式教育奠定基础，为后世的科学、文化教育事业的发展做出不可磨灭的贡献。

### 二 教育思想

蔡元培国外留学以及国内任教的经历对其封建教育改革有重要影响，为我国新制度的建立做出重大贡献。面对国内社会情况，根据自我经验和知识理论，蔡元培提出了公民道德教育、世界观教育、美感教育、实利主义教育、军国民教育的"五育"并行的方针，以及尚自然、展个性的儿童教育理念。在蔡元培尚自然、展个性的办学理念中，个人能力和兴趣具有很大差别，文理科是相通的，年级制可以帮助学生发展其各项能力，而选科制可以发展个性。蔡元培的教育实践活动坚持学术自由、民主科学的原则，主张"学"与"术"分校、文理不分科，并将学年制的教育方式改为学分制，力求打造学生自学为主，教师教学为辅的教学模式，被称为自由主义教育家。

蔡元培认为军国民教育、实利主义教育、公民道德教育是现象世界的教育，属于政治之教育；世界观教育和美感教育追求实体世界的观念，超越政治之教育。具体分类，据军国民教育为体育，实利主义教育为智育，公民道德教育为德育，美感教育是辅助德育，世界观教育将德、智、体三类合三为一，是教育中的最高境界，教学中的科目设置应"五育"并行，但各有侧重。

蔡元培效仿美国各大学的管理模式，改学分制为选课制，是我国近代对全面发展观最早的探索。1917年10月，教育部在北京各高等学校代表会议上通过废除年级制，选用科举制的议案。1919年暑假后，北大最先试行，每周一课时，一年期满为一个单位，本科应修满80个单位，必修和选修各占一半（理科可以酌量减少），学习不限年限，单位修满就可以毕业；预科要修满40个单位，其中必修必须占到75%，选修可以跨越系别设置，须占到25%。1922年之后，全国其他高校纷纷效仿，采用选科制。

### 三　全面发展观

蔡元培根据思想政治教育理论，秉承继承优良传统与改进创新相结合的基本原则，主张在教学过程中，应尊重学生的主体地位，坚持以人为本的教育理念，重视全面发展的德育内容、模式、目标的改进与创新，力求促进学生素质的全面发展。

他通过不断的公共教育的试验和推广工作，打破儿童家庭教育的传统教育模式，最终建立学前儿童接受公共教育的教学新模式。此外，他还是中国近现代美学的倡导者，主张借助家庭、学校、社会三方面的教育工作，通过胎教院、育婴院、幼稚园三级机构实现儿童美育教育。具体做法就是以胎教为美育的起点，通过设置自然美和艺术美相结合的生活环境的熏陶，实现婴儿期美育的教育。幼稚园时期，则可以通过美育专题和课堂美育因素两方面塑造儿童的审美观。一方面，设置舞蹈、唱歌、手工制作等专门的美育专题进行教育；另一方面，充分利用课堂内的美育因素，将计算、说话等枯燥的算法和语法课设置成为充满美感的课程。

蔡元培针对忽视学生个性发展的封建教育体制提出尚自然、展个性的教育主张，提倡启发式教学。在近代中国，个体亟须通过教育寻求解放，获得思想和个性的自由，个性就意味着差别和多样化的存在。学生的个性发展，都是建立在其自身发展多样化的前提下，独特性寓于多样性之中。个体是独一无二的特别存在，构成了社会丰富多彩、独具个性的人格，个体的独特性是文化多样性的源泉。独特性还是个体内在智能的外在显现，越是具有主体性和创造性的个体，个体内在智能的激发程度越高。因此，蔡元培创立的新型五育教育模式，尤其是对个体美育的教育方式，对促进个体全面发展具有重要的意义。

蔡元培的教育思想是中国传统文化与西方先进教育观念相结合的产物，他追求培养学生自由思想意志和独立自主人格的教育目的，倡导文理不分科、学生德智体美全面发展，同时，人应该发展自我兴趣，促进自我的个性发展。他的一系列教育理念都展现出素质教育的理念，追求个人的全面发展。提倡通过教育，提高国民的素质，增强国家的综合国力，为中国教育界和思想界注入新的活力。

## 第八节 徐特立的教育观

### 一 简介

徐特立（1877—1968年），中国革命家和教育家，是毛泽东和田汉等著名人士的老师，并受到人民的普遍尊敬。1911年参加辛亥革命，1927年加入中国共产党，同年8月参加南昌起义。1931年11月当选为中华苏维埃共和国中央执行委员会委员。1934年参加长征。新中国成立后，曾任中央人民政府委员会委员。1968年11月28日在北京逝世，享年91岁。著作大都收集在《徐特立教育文集》和《徐特立文集》中。党中央曾评价他"对自己是学而不厌，对别人是诲人不倦"，"中国杰出的革命教育家"。

徐特立对我国近代教育事业做出巨大的贡献，一生从事教育工作长达七十多年，教育和培养出一批批优秀的人才。1940—1942年任北京理工大学前身——延安自然科学院院长，开创了中国共产党培养科技人才的先河。徐特立从1895年开始从事乡村教育，他从私塾、小学、中学、师范教育到高等教育，不断地改革旧教育，创造新教育，特别是1927年大革命失败后，他更是毅然加入中国共产党，开创了新民主主义教育。他为人民教育事业鞠躬尽瘁，死而后已，是"伟大的人民教育家"。

## 二 教育思想

官场的腐败，让徐特立感到失望和愤慨，于是，他毅然放弃官位和自己的仕途，决然地投身到教育事业中去，希望通过自己的努力，用教育进行人心的变革，增强国家的竞争力，实现救国的愿望。经过苦心的经营和研究，徐特立创办了长沙师范学校，并且在湖南第一师范学校任职多年，其主要思想如下：

### （一）论办学的指导思想

徐特立经常反复强调的一个观点是"实事求是，不自以为是"。[1] 可以说这是徐特立从事革命教育的一个总的指导思想，贯穿于他全部教育思想和教育活动之中。"实事求是，不自以为是"是他一贯倡导的作风，根据当时革命的需要，他打破常规建立适合农村革命根据地需要的新教育体制。他在苏区创办了四种类型的学校。第一类是扫盲学校，招收成年人入学，扫除文盲；第二类是劳动小学，培养共产主义的新后代；第三类是介于劳动小学和大学之间的专门学校，培养专业人才；第四类是大学，培养高等专门人才。这四类学校都因时因地制宜，有全日制的、半日制的，也有业余的。徐特立在中央苏区所办的教育是成功的，并为以后抗日战争和解放战争时期根据地教育的建立和发展积累了经验，奠定了基础。

### （二）论科学化、民族化、大众化的文化教育方针

徐特立在《科学化民族化大众化的文化教育》和《有关科学化、民族化、大众化等问题的谈话》中，提出了教育必须科学化、民族化、大众化的问题。它关系到社会主义新中国的教育方针和原则的问题。所谓"三化"，就是要实现教育内容科学化，然后要求新中国的教育保持鲜明的民族特色。教育人们以有根据的、明显的东西，并由浅入深，由常识到科学。

科学化、民族化、大众化三者是紧密联系在一起的。徐特立指出，科学如果不民族化，就不能具体化和行动化。教育科学化和民族化，就是理论与实际相结合。而大众化又是科学化和民族化的集合点和具体表现。

---

[1] 吴宗明：《论徐特立学风》，《徐特立研究》1998年第4期。

### (三）论学校的民主管理

徐特立认为，学校应实行校长全面负责、民主管理的体制。校长的职责就是全面领导学校工作，但不能实行专制的家长式的管理，而应建立起民主管理的体制。学校实行民主管理，首先，要求校长有良好的思想素质和工作作风，平易近人，虚心学习，善于调动广大师生的积极性，集中群众的智慧，做好管理工作。其次，要建立实施民主管理的组织机构，如校务会议、董事会、学生自治会、教育委员会、教师会等，充分发挥这些组织机构在学校管理中的作用。再次，沟通学校民主管理的渠道，创造给师生发表意见的机会和场所。最后，在学校中形成一个和谐的民主的管理气氛。他曾利用"诗教"的形式，对学生进行情感上的陶冶。

总之，徐特立作为一位伟大的无产阶级革命家和杰出的教育家，经历长期的教育实践工作，积累了十分丰富的教育经验，提出了许多富有创造性的教育主张。他的教育思想，对我国新民主主义和社会主义教育事业的发展都具有重要影响。

### 三 全面发展观

徐特立同志反复强调要处理好理论与实践的关系，曾说过真正学习到的知识是在使用中获得的，社会实践活动是学生最好的课堂和教师。他强调将教育与实践结合起来，将教育面向实践，加强教育工作的实用性和针对性以及社会感染力，做到教育从实践中提取而来又应用到实践中去，在具体的实践活动中进行教学工作。他还强调思想教育要贴近生活、贴近人民、贴近实际，避免抽象化、教条化的说教，以增强其说服性。

徐特立认为和谐、全面发展的个性品质培养是当代教育的一个重要方面，教育者要善于观察学生的个性特征，并且能够根据这些特征进行有针对性的教学工作，以帮助教育工作取得预期的教学效果。徐特立指出："青年的特性如素丝，染苍则苍，染黄则黄，在这种不定型的性质下，青年工作者的责任特别重大。"[①] 因此，教育工作者的任务就是根据受教育者的个性特征和心理特点，因材施教地进行教学工作，以便培养学生健康的心智和促进学生的全面发展和个性提升。

---

① 肖乐等：《徐特立德育思想探析》，《湘南学院学报》2009 年第 6 期。

## 第九节　陶行知的教育观

### 一　简介

陶行知（1891—1946年），原名叫文濬，曾改名为知行，后采纳学生意见改为现在的名字行知，是我国现代著名的平民教育家、思想家。陶行知自幼聪明好学，但因家境贫寒而无力进入私塾读书。他在金陵大学的文学系以排名第一毕业时，在他的毕业论文《共和精义》中有这样的句子："人民贫，非教育莫与富之；人民愚，非教育莫与智之；党见，非教育不除；精忠，非教育不出。"[①] 这表明了他最初的教育救国的思想，说明他已深刻地认识到在提高人民素质和促进国家发展中教育起到了非常重要的作用，同时也反映了他投身教育事业，报效祖国的进步思想和远大志向。

毕业后他赴美留学，师从杜威、孟禄、克伯屈等美国教育家研究教育。在国外多次转学的原因是他认为没有真正的公众教育，就没有真正的民主共和国，而哥伦比亚大学是学习教育的最好的学校。回国之后便开始了他富于创意而又充满艰辛的教育生涯，著有《中国教育改造》、《斋夫自由谈》、《教学做合一讨论集》、《中国大众教育问题》、《普及现代生活教育之路及其方案》等一系列著作。

陶行知毕生都致力于平民教育事业，曾经提出教师要向教育过的人学习，在进行体力劳动时也要用大脑思考，并且自己也真正做到了身体力行，与贫苦的学生们一起劳动、同甘共苦。陶行知曾有这样一副对联："和马牛羊鸡犬豕做朋友，对稻粱菽麦黍稷下功夫。"[②] 可见其对广大劳动人民的教育方式和方针。即使在陶行知出名之后，他仍旧保持着一贯的节俭的良好习惯，曾自撰了"捧着一颗心来，不带半根草去"[③] 的对联自勉。出于对陶行知教育事业的激情和无私奉献精神的欣赏，我国当代数位领导人曾称赞他为"伟大的人民教育家"、"万世师表"。

### 二　教育思想

陶行知积极从西方教育思想中吸取先进成分，结合中国的具体国情和

---

[①]《陶行知全集》第一卷，四川教育出版社2005年版，第213页。
[②] 霍玉敏：《论陶行知乡村教育思想》，《理论导刊》2005年第10期。
[③] 章雪颖：《陶行知：捧着一颗心来，不带半根草去》，《中国教师》2011年第11期。

教育现状，为我国的教育事业提出许多先进的教育理念，例如"生活即教育"、"社会即学校"、"教学做合一"等。在所有的教育中，陶行知特别强调农村教育，他认为三亿多农民的普及教育工作是非常有必要和亟待实现的，因此，他被称为伟大的平民教育家。我们大致可以把他的教育思想分为如下几个阶段：

（一）主张平民教育，投身乡村教育事业

陶行知从国外学成归国之际，正赶上五四运动和新文化运动的革命浪潮，凭借在国外的所见所闻以及所学，他以积极热烈的激情投入到我国当代教育改革中，并决心改变当时教育只为上层贵族和统治者服务的教学模式，积极推广平民教育，并积极投身实践。陶行知认为中国教育改革的重点是农村的教育改革，他主张教师应该积极投身于农村的教育事业中去。为此，他曾立下愿望，想要筹集100万元的教育基金，募集100名教师投身农村教育，积极建设100万所学校，对100万农村进行教育改革。他反对那些鼓吹劳心之人凌驾于劳力之人之上而脱离生产劳动的不良传统。虽然他是从美国回来的留学生，但是他倡导学者们学习"南泥湾精神"，脱下自己的西装革履，穿上草鞋和乡村贫苦地区的师生们一起开荒搞学校建设。

在晓庄师范学校里，他提出"生活即教育"，"社会即学校"，"教学做合一"等教育主张，其在劳力基础上劳心的理论，是为了锻炼学生独立自主和学会生活的能力。抗日战争期间，陶行知在重庆创建育才学校，将"生活即教育"的教育理论运用到小学生人才培养的教学实践中去。陶行知的育才学校择优录取，积极选拔有特殊优秀才能的学生，在实际教学工作中，他根据学生的兴趣和个性特征聘请大量的专家学者进行专门性教育。在教学课程中设置大量的文化课程和多种多样的实践活动课程，这种教育模式是我国近代教育史上的创举，他的独特的教育理念和实践使其誉满中外。

（二）提出"生活即教育"的理论

在批判杜威"教育即生活"理论的基础上，陶行知提出了"生活即教育"、"社会即学校"、"教学做合一"的主张，形成"生活即教育"的整体教育思想体系。对"生活即教育"理论，陶行知有一句很有概括性的话："给生活以教育，用生活来教育，为生活向前向上的需要而教育"。①

"生活即教育"理念是陶行知先进教育理念的核心观点，在其看来，教育工作和学生的日常生活是同一个过程，教育工作包含在生活学习中，教育如果和生活结合起来就能够发挥更大的作用，取得更好的效果，因此，他主张教育应当融合在生活中，进行生活教育工作。他还指出生活中的教育是与生俱来的，并且随着生命的逝去而终止，即人出生就开始启蒙，死之后才算结业。可见，陶行知所说的"教育"指的是终生性教育，将"生活"作为前提条件，与实际生活结合起来的真正的教育工作。因此，他坚决反对远离实际生活中心的呆板的教育、故步自封的学校、坚守理论的书本。

陶行知认为人一生所必需的东西和事物离不开生活的范围，生活能够包含一切，此处所指的"生活"并不是人们一般理解的日常生活，而是包含所有的社会生活实践的广大范围的生活，包含整个自然界和人类社会的生活，包含人类所有的实践活动的广义生活。"生活即教育"就其本质而言，是生活决定教育工作内容，教育工作又反过来改造生活。具体来讲，教育的目的、内容、原则、方法等均由生活决定；教育工作要通过生活来进行；生活处于不断发展的过程，教育也应随时代的前进而不断发展进步。教育改造生活指的是教育不是简单的被动地被生活制约，而是对生活有能动性改造、促进作用，生活教育的实质体现了生活与教育的辩证统一关系。

（三）"社会即学校"

"社会即学校"理念是对"生活即教育"理论的拓展和延伸，它是在对杜威的教育思想批判的基础上得出的，来源于杜威"学校即社会"②的教育思想理论，该理论集中体现了陶行知力图通过教育来完成社会大改造的大教育观。陶行知认为"学校即社会"理念下的教育工作所教授的内容过于单一，形式过于简单；反观"社会即学校"的教育理念下的教学内容、材料、方法、工具、环境等形式丰富多样，教学工作多姿多彩，师

---

① 陈守业：《谈生活教育——陶行知与孔子教育思想比较研究之一》，《阜阳师范学院学报》（社会科学版）1994年第3期。

② 刘姗姗：《学校与社会——杜威"学校即社会"与陶行知"社会即学校"之比较》，《福建陶研》2013年第1期。

生也能够真正地一起加入到教学工作中来。实际上,"社会即学校"理念是与"生活即教育"理念紧密相连的,互相补充,是"生活即教育"概念的不同角度的说明,也是它的逻辑延伸与保证。因为"生活即教育"的"生活"是社会实践生活,教育范围内的生活是包括整个社会的活动,教育与生活之间是紧密联系、密不可分的。

（四）"教学做合一"

"教学做合一"的教育思想是生活教育理论的教学论方面的内容,是实现真正的生活教育的最根本的实践活动方式,用陶行知的话来解释这种教育思想就是学生实际学习生活就应该将三者有机结合起来,积极进行学习活动。学生在实际生活中,进行教学活动只是生活的三个方面之一,并不是与生活割裂开来的。陶行知认为教学内容就是教会学生"做",同时也要在"做"中教,二者紧密结合起来,防止分开。在他看来,"教学、做合一"是生活方法,也是教育的方法,它具体的含义是确定教的方法要根据学的方法,确定学的方法又要根据做方法,"事怎样做便怎样学,怎样学便怎样教。教而不做,不能算是教;学而不做,不能算是学。教与学都以做为中心"。[①] 因此,他特别强调学生要亲自在"做"的活动中获取知识。

### 三 全面发展观

1939年,抗日战争进入全面抗战阶段。陶行知在一次演讲中曾提到现阶段的战争不是局部战争,而是把战争展开成全面的战争了。由此,在陶行知看来,全面战争就需要进行全面的教育,并因此提出了全面教育观的内涵。在开展全面教育运动时期,他在许多流离失所的流浪儿中,发现了许多有特殊才能的人,因为得不到及时有效的培养而夭折。他认为这对我们民族的发展来说,是一个非常大的损失。于是在1939年7月20日,陶行知在四川省合川县草街子凤凰山的古圣寺创办了育才学校。育才学校自创办以来,吸引了许多著名的进步学者、专家、教授等来校任教,比如艾青、章泯、贺绿汀、陈烟桥、戴爱莲等。

我们都知道,陶行知的教育思想主要有两个显著的特点,也就是实践第一和全面发展。在陶行知看来,教育应该为社会实践服务,这是教育的

---

[①] 蔡建浩:《陶行知"教学做合一"对实施素质教育的启示》,《苏州教育学院学报》2000年第3期。

根本目的所在。而社会实践的需求又是全面的，所以说教育必须要坚持全面发展的观念。我们可以看出，这两个特点是相互联系、有机统一的，并且集中体现在陶行知的生活教育理论上。也就是我们在上面分析的"给生活以教育，用生活来教育，为生活向前向上的需要而教育。"[①]

## 第十节 陈鹤琴的教育观

**一 简介**

陈鹤琴（1892—1982年），我国著名的心理学家、教育学家，开创了我国近代幼儿教育事业，其创办的江西省立实验幼稚师范学校是我国第一所公立幼稚师范学校。他一生致力于儿童心理学、教育学和家庭教育的研究。出版《幼稚教育》、《儿童教育》、《活教育》、《新儿童教育》等多本幼儿教学专著，通过不断的实验与实践，为农村幼儿教育的推广做出了自己的贡献。陈鹤琴受到杜威等人教育理论的影响，提出"活教育"的口号，力图用这种教育方式改变中国旧体制下旧的教育形式。

陈鹤琴在研究中国近代二三十年代学前教育的成果上，提出新的幼儿教育理论，为中国幼儿教育事业做出了巨大的贡献。他不仅创办了中国化的幼儿教育和幼儿师范教育体系，还在师资培养方面创办了中等幼师和高等幼师专校。陈鹤琴积极地研究制作各式玩具，帮助儿童进行学习活动，还创办了各种幼教社团，通过学术团体活动辅助幼教和小教的教学工作。陈鹤琴深怀爱国热情，将在国外学习到的实验主义和进步主义的教育思想，积极在国内进行实践，改革中国当时的旧教育体制，创新教育体制。

**二 教育思想**

（一）活教育

陈鹤琴教育思想的核心便是"活教育"，其所包含的内容十分丰富，主要包括目的论、课程论和教学论三大部分，对后世教育的发展都有着极其深远的影响。所谓目的论，就是说"活教育"的目的是培养学生做一个现代化的中国人。"活教育"的目的论使得教育目标逐渐具体化，符合

---

① 陈守业：《谈生活教育——陶行知与孔子教育思想比较研究之一》，《阜阳师范学院学报》（社会科学版）1994年第3期。

现代化教育的需要。所谓课程论，就是说"大自然、大社会都是活教材"①，这是陈鹤琴对"活教育"课程论的总结与概括。"活教育"的课程是把大自然、大社会作为出发点，让学生直接向大自然、大社会去学习。学生学习的知识和经验是来源于生活，而又运用于生活的。"活教育"的课程论让我们充分认识到在亲身经历中获得知识和经验对学生的意义及重要性。所谓教学论，"做中教，做中学，做中求进步"②是"活教育"教学方法的基本原则。它强调的是学生在学习过程中的主导地位和在活动中直接经验的获取。其主要教育思想就是指在"做"的基础上，体现出学生在学习过程中的主体地位以及教师的指导地位，这是让师生共同进步的一种途径。"活教育"的主张是顺应时代发展的产物。它要求教师要灵活地使用教材、教学方法去教育学生，使教学过程"活"起来。

（二）学前教育

1. 学前教育目标

陈鹤琴从身体、智力、情感等方面提出了自己的幼儿教育目标，这是基于他对中国二三十年代学前教育课程实际的基础上的研究。在陈鹤琴看来，教育目标首先要解决"做怎样的人"的问题。

2. 学前课程内容

陈鹤琴认为"大自然、大社会都是活教材"。③ 学前儿童的心智发展尚未成熟，其对自己周边的环境抱有强烈的好奇心和猎奇感，而且其对世界的认识局限于自己所处的周边环境，因此，儿童教育的教学内容应该以自然和社会为中心组织教学。所谓的社会指的是人类精神活动的领域，属于人文环境；自然指的是客观的大自然世界，属于地理环境。二者相互作用，共同组成学前教育的课程中心内容，促进儿童的不断成熟和发展。因此，在选择学前教育内容的时候，必须根据儿童的身心发展特点和规律，选择自然和社会中合理、科学的部分作为教学的中心。

3. 学前课程结构

课程结构应该科学完整，能够促进儿童全面健康发展，因此，陈鹤琴根据个体五指之间的关系提出了有关课程结构内容的"五指活动"理论。主要包括健康活动、社会活动、科学活动、艺术活动以及语文活动五个方

---

① 龚诗昆：《大自然、大社会都是思政教学的活教材》，《才智》2012年第5期。
② 韩华：《创新人才培养模式实施"做中学，做中教"》，《辽宁高职学报》2010年第7期。
③ 同上。

面，这五个方面之间联系密切，共同构成了课程结构的内容，构建了科学、合理的整体功能。学前教育的课程选择必须从这五方面的活动中加以选择，但是选择时应该注意分清主次，抓关键内容。

4. 学前课程实施

学前教育阶段的课程目标和课程内容确定之后，怎样组织实施课程内容以实现学前教育的教学目标成为当前的关键问题。陈鹤琴根据长期以来对儿童心理的研究经验和成果，提出了适合儿童接受的"整个教学法"的课程组织方法，其中游戏法是课程组织方法的核心。陈鹤琴强调学前阶段的儿童都是完全独立、独具个性的个体，个体兴趣爱好和个性特性并不相同，并且智力水平和能力水平参差不齐，因此，教学应该选择小团体的方式教学，使处于不同发展阶段的儿童个体相互影响、相互碰撞，相互促进彼此的成长、成熟。

5. 学前课程编制

虽然陈鹤琴在美国留学期间深受先进教育理论和主张的影响，但是他并不提倡美国儿童教育的方式和方法，在其《幼稚园的课程》中大力批判欧美国家实施的完全从儿童的角度出发、缺乏科学系统的单元教学的课程编排模式。针对这种情况，陈鹤琴提出了适合我国当前国情的课程编排应遵循的原则和具体的编排方法，并将五爱的教育内容加入进去，形成了课程结构的九项内容，具体包括节日、五爱教育、气候、动物、植物、工业、农业、儿童玩具、儿童卫生。这九项课程结构内容具有十分鲜明的时代特色，但是缺乏整体性和科学性的特点。

（三）家庭教育

家庭教育理论是陈鹤琴教育思想的一个重要组成部分，他认为孩子的好坏一方面受遗传的影响，另一方面受环境和教育的约束。陈鹤琴特别反对家庭教育中"娇生惯养"、"过分溺爱"和"严厉管教"两种极端模式的教育方式和态度，他认为二者是对孩子不负责任、无原则的溺爱，不利于孩子身心的健康发展。提出活教育中"凡是孩子自己能够做的，应当让他自己做"和"凡是儿童自己能够想的，应当让他自己想"[1]的两个原则。陈鹤琴认为家庭教育中严厉管教儿童的方法严重地摧残了儿童的创造力和想象力，束缚了儿童的发展。陈鹤琴在家庭教育中特别强调父母对子

---

[1] 张丽等：《陈鹤琴的家庭教育思想及启示》，《当代教育论坛》2006年第24期。

女的模范影响作用，认为父母应当时刻以身作则，同时以平等的身份对待孩子，尊重孩子的自我人格。

### 三　全面发展观

全面发展是素质教育的核心内容，也是我国教育改革的目标。随着素质教育改革实施的推进，学校拓宽教学的场地范围，让学生们真正走出教室、走出校园，亲身参与到大自然、社会中去，从近距离的观察和实际的动手操作过程中获取直接知识和经验。通过这种教育方式，学生逐渐养成自己动手做事、主动学习、独立思考的良好行为习惯，最终将学习到的知识运用到实际日常生活和实际问题的解决中去。陈鹤琴所提倡的以上诸多教育观点和教育理念，尤其是其"活教育"、"课程论"、"目的论"的提出，与当今教育改革中全面发展的理念不谋而合。陈鹤琴所提倡的"活教育"思想从多方面启发当今的教育实践活动，提倡理论知识学习和实践活动紧密结合，教育过程要充分调动学生的兴趣和学习能力，以及倡导培养学生的创新能力和意识，这些对当今素质教育改革的时代潮流有深深的借鉴意义。

# 第三章  国外教育家的小学生全面发展观

我们已经了解部分国内教育专家对学生的全面发展观的认识，那么，国外的教育专家是如何看待学生的全面发展观的呢？他们是如何进行学生的教育工作的呢？本章节整理国外部分教育家的全面发展理念。

## 第一节  马库斯·法比尤斯·昆体良的教育观

### 一  简介

马库斯·法比尤斯·昆体良（约公元35—96年），是古罗马奴隶帝国时期具有重大影响的教育家、演说家。其通过长久的雄辩术教育的实践活动，在总结古希腊、罗马教育经验的基础上，提出了一套完整的教育思想，其《雄辩术原理》一书是西方教育史上最早的研究教育理论的专著。

昆体良的教学、律师的工作经验使其将自我探索的理论成果与实践紧密联系来，建立相对当时来说成熟的教育理论体系，对西方教学理论的产生具有深远、广泛的影响。昆体良对教育事业抱有极大的热情与信心，竭力发展公共教育，强调知识对辩论和演讲的重要性，特别强调文学教学的重要性。认为儿童具有无穷发展的潜力，个体天赋对学习固然重要，但是大多数人更趋向于学习和积极的理解。我们认为的智力落后的人是不平常的存在，属于少数群体。昆体良在教育事业上取得的成果，为后世的科学、文化教育事业奠定了深厚的基础。

### 二  昆体良教育思想

（一）教育目的和教育方向

昆体良赞同西塞罗以培养善于精于雄辩术的人为教育目的，他认为，一个雄辩家不仅要有较高的雄辩才能、雄厚的知识基础、较高的能力，还要拥有崇高的理想和高尚的情操。因为对于当时的雄辩家来说，他们的任务是宣扬正义和德行，引导人们避恶扬善，雄辩家的个人才能和德行是联系在一起的。昆体良明确指出："我所要培养的人是具有天赋才能、在全部自由学科上都受过良好教育的人，是天神派遣下凡来为世界争光的人，是前无古人的人，是各方面都超群出众、完善无缺的人，是思想和言论都崇高圣洁的人。"① 需要指出的是，昆体良所说的雄辩家一方面是指律师，另一方面是指受过良好教育的善良的人。

昆体良十分赞同教育对人的影响和作用，他认为大多数人都有先天的天赋，能够迅速地思考，那种天生呆傻、愚笨的人是极少见的。他还认为个体的天赋只是后天发展的基础，后天的优秀发展更多依赖的是良好的教育。昆体良还认为，如果一个天资聪慧的学生在成年后无所事事，那么他并不是缺少禀赋，而是教育尚未达到。虽然昆体良强调教育的作用，但是其并不绝对地夸大教育的作用，他指出教育的作用是在人的自然本性的基础上，尊重个体差异的存在。

（二）幼儿教育和学校教育方面

昆体良肯定儿童阶段语言的发展，要求儿童周围的人发纯正的语音，从摇篮期开始就要对儿童灌输纯洁的语言。同时还要培养儿童的音乐才能，以培养儿童正确的发音、娴熟的语言技巧、优雅的谈吐等优秀素养。他重视父母的榜样作用，认为"长辈的愚昧无知，完全有可能使儿童也愚昧无知"。②

昆体良极力论证学校教育的优越性，它可以让儿童相互交流、减少自我心理的产生。而且，大家共同学习可以相互激励与促进，有利于后天的发展。此外，他还强调游戏对儿童发展的重要性，要求教育要发展儿童的个人兴趣，遵循因材施教的原则。

（三）教学理论方面

昆体良提出分班教学的教学组织形式，即把学生分成不同的班组，教师不再个别教学，而是班组教学。这种教学方式不仅可以节省时间、精力，而且还可以相互激励、共同进步。虽然强调分班集体教学，但是重视因材施教，教师在集体教学时，同样要了解学生的个性特征，根据具体情况，合理安排教学，促进学生的全面发展。

---

① 薛兴松：《论昆体良教育思想及其现实启示》，《吉林省教育学院学报》2011年第10期。
② 同上。

在教学原则方面，他反对体罚，认为那是对儿童自尊的侮辱，对儿童心理的发展产生极其消极的影响，赞同奖励、赞扬的方法激励学生的进步。同时，教学讲究张弛有度，劳逸结合，学和游戏相结合，不同课程相互交替，轻松学习。在教学过程中，教师要引导学生学习和思考，避免填鸭式教学。在遇到问题时，应当让学生自己想办法解决以培养其独立性和创造性。

（四）对教师要求方面

昆体良十分重视教师的作用，认为在优秀的儿童和学生的培养方面，教师起着十分关键的作用。因此，教师应当具有言行一致、知识渊博、关爱学生、熟识理论等综合素质。昆体良是古罗马时期最重要的教育家之一，他有些教育思想甚至成为人文主义的来源，英国著名思想家穆勒评价其《雄辩术原理》是"整个文化教育领域中古代思想的百科全书"。昆体良的思想不仅对西方教学理论有重要影响，对于当今的教育发展，也有极其深远的影响。

### 三 昆体良全面发展观

昆体良的众多教育思想中，大多是围绕儿童阶段进行阐述，可见其对儿童发展的重视。

无论是在教学理论、教学方法，还是教学过程中，他都强调了对儿童阶段教育的重视。比如，幼儿时期，对儿童语言教学应涉及的内容；在教学组织中，分班教学时应注意对学生因材施教的原则；对教师要求方面，教师在教学中应注重对儿童的培养。并且，昆体良十分肯定儿童的天赋，指出儿童后天发展对自身培养综合素质能力的重要性。认定小学教育是教育活动的基础部分，主张儿童尽早入学，但是，学习要在轻松愉快的氛围中进行，以提高儿童的智力，培养健全的品格，但又不能过度玩乐，学习和游戏讲究适度的原则。

在教育质量方面，昆体良主张教师应因材施教，耐心地引导儿童在共性培养的基础上，保证个性的发展。同时，他还重视儿童记忆能力的培养，主张儿童时期可以通过背诵诗文等方式，锻炼记忆力和理解能力。他还强调对于雄辩家的培养，要从牙牙学语开始，直至雄辩术达到高峰。

昆体良深信儿童先天智能存在差异，因此，教师了解每个学生的特点和能力之后，根据学生的具体情况设置课程，进行因材施教。对于学习进度慢的同学可以适当地迁就，对于先天智能高的同学需要尽力培养，使其成为真正的雄辩家。但是，在学习过程中，要合理地安排学习任务，讲究学习与玩乐适度。

昆体良的教育思想重视儿童教育，重视儿童全面的发展，虽然尚未明确说明，但是各种理论阐述都涉及了儿童全面发展的观点，这些观点对当今教育仍有借鉴作用。

## 第二节 夸美纽斯的教育观

### 一 简介

夸美纽斯（J. A. Comenius，1592—1670 年），17 世纪捷克著名的教育家，西方近代教育理论的奠基人。夸美纽斯取得的教育成果对当时西方甚至整个世界的教育发展具有重大的推动作用。著有《大教学论》、《母育教育》、《泛智的先声》等教育思想类书籍。他一生致力于泛智教育研究工作，积极进行教育事业改革，苏联教育家凯洛夫称其为"他在新生一代的教学和教育的理论和实践方面完成了一场革命，是一位博学而天才的教育家。"[1]

他深刻批判经院哲学的神学教学，顺应当时呼吁全新教育内容的形式，提出包括"博学"、"德行"、"虔信"三方面的"周全的教育"，即全面的知识教学、道德教学和宗教教学。同时，他还提倡普及学前教育，从语言、自然知识、几何、历史等方面，培养学生良好的知、行、言的能力。通过此类系列的教育，学生可以掌握必要的科学、文化知识，获得运用已学知识解决实际问题的能力。夸美纽斯的《大教学论》是教育史上里程碑式的转折点，是人类教学历史上辉煌的成果。泛智教育思想是其一生教育活动与教育思想的核心，对当今教育仍有深远的影响。

### 二 夸美纽斯基本教育思想

（一）泛智论

夸美纽斯的泛智论是在总结前人的基础上提出的，所谓的泛智是包含所有自然现象的科学与艺术，集中体现在教师应该尽可能全面地向学生灌

---

[1] 申长忠：《教育要适应自然——重读〈大教学论〉有感》，《河南教育》（基教版）2007年第12期。

输各种知识，使其学会生活、学会解决问题。他主张个体只有在接受适当教育之后，才能成为一个完整独立的人，这种适当教育是一种包括"博学"、"德行"、"虔信"的"周全的教育"。所谓的"博学"是指包含万物的知识，"德行"是指外表的礼仪形象和言行的统一，"虔信"是指一种内心的最虔诚的对上帝的信仰。这三方面相互联系，共同构成个体完整的人格。

（二）教育应与自然相适应

夸美纽斯提出教育要适应自然，此处的自然指自然界及其自然法则和人先天的天性两个方面。教育适应自然指的是教育要以自然界的法则为依据，找到教育本身的规律，学校按照一定的规律秩序去建设，才能更好地培养人才。每个人都具有先天的天赋和理解万物的能力，教育要适应人生理和心理的特点，使个体内在的潜力发挥出来。夸美纽斯将儿童分为六大类，教育要根据儿童每个阶段的生理、心理特征，合理安排，以使每个个体的智力在顺应自然的基础上得到充分的发展。

（三）提出班级授课制和学年制

17世纪，欧洲的学校教学组织形式和教学计划混乱，各个年龄段的学生一起授课学习，没有学年、学期的划分，教学效果很差。夸美纽斯总结前人经验，提出按年龄和成绩分班教学的班级授课制，每个班级是独立分开的，统一由一个教师教授一个年级，彼此独立教学。

同时，学校实行学年制，即一年招一次学生，每一个学年划分为四个学季，在学年快要结束时进行考试，考试通过的学生才有资格进入下一级的学习。分班教学和学年制的实施提高了教师的教学进度，彰显了集体教育的巨大优势。

夸美纽斯将儿童应受的教育过程分为婴儿期、儿童期、少年期、青年期四个阶段，这是按照儿童智力的发展趋势划分的。他主张儿童通过层层的学制和泛智化的课程内容，获取广博的知识、高深的修养，以及解决问题的能力。

**三 全面发展观**

夸美纽斯主张教师要根据儿童个体生理、心理的实际情况和个体的强项智能进行教学，促进儿童健康全面地发展。他对教育的探索体现了素质教育的萌芽，而且其《大教学论》中对班级授课和学年制，以及对儿童接受教育阶段的具体划分，对我们当今社会实行素质教育具有极大的借鉴作用。夸美纽斯受当时人文主义思想的影响，倡导以人为主体的教学形式，并且在课程设置方面要求根据学生年龄特点，合理安排教学，重在激发学生内在的创造力和个性发展。并且，其主张儿童所受的教育无论是科学知识，还是语言应用，都能够应用于解决实际问题，应用于实践。

夸美纽斯的泛智教育理论对我们有重大的启示作用，在当今注重理论教学、倡导素质教育的新形势下，我们的学校不仅要注重理论知识的学习，还要重视实践活动对学习的重要作用。通过实践，学习新的理论，理解、感悟已学过的理论知识，让我们将已学过的知识能够真正地应用于实际问题的解决，能够更好地适应生活，使个体能够达到知、言、行的统一，实现自我全面发展。

此外，夸美纽斯宣扬学校应遵循适应自然规律的理论，使学生能够在放松、舒适的氛围中学习，对道德的教学要远远重于知识的教学，他认为"凡是在知识上有进展，而在道德上没有进展的人，就不是进步，而是退步"。[①] 教育对儿童的影响既有可能沿着好的方面发展，也有可能给儿童留下难以磨灭的伤害，我们当前对道德的教育有缺失，加强德育工作迫在眉睫。

总之，夸美纽斯总结前人先进理论，后天积极热衷于教学理论和实践的探索，在儿童全面发展方面提出先进的理论，对当今素质教育的开展具有巨大的借鉴作用。

## 第三节　约翰·洛克的教育观

### 一　简介

约翰·洛克（1632—1704年），是英国17世纪著名的哲学家、伟大的教育家，与乔治·贝克莱、大卫·休谟合称为英国经验主义的代表人物。洛克注重德、智、体、礼仪等的教育，注重教师和家庭对孩子的影响，主要著有《浅谈绅士的阅读和学习》、《教育漫画》等著作，这些著作全面阐述了其德育思想，对当今的教育仍有重要的影响。

在洛克的教育思想中，主要注重德育教育，他把道德品质看成个体发

---

① 常蓉：《夸美纽斯的道德教育特色》，《湖南科技学院学报》2013年第6期。

展的基础,主张通过科学的方式,培养个体的道德品质。但是其宣扬的教育思想是为资产阶级培养绅士服务的,具有一定的局限性。

二 约翰·洛克的基本教育思想

(一) 关于德育的论述

洛克宣扬的教育是培养资产阶级绅士的方式,因此,他认为个人品德是个体发展的基础,优秀的品德能够帮助人养成良好的素质,个人形成优秀的礼仪习惯。洛克主张德育应当培养儿童理性思维、行为礼仪、坚忍等品质。理性思维是为了个体能够控制自理的欲望,是一切道德价值的基础;行为礼仪是指个体优雅的行为习惯和对人生的绅士态度,礼仪是绅士在德育的基础上对自我的再修饰;坚忍是指当个体遇到困难和挫折时,能够镇静地应对,最终解决问题。洛克的教育理念是为了培养资产阶级的绅士,因此德育是教育的核心,而且应该尽早地对儿童实行德育教学,所采用的教学方法应当顺应儿童的生理、心理特征。

德育主要的培养方式有:第一,采取温和的、说理的方法,将德育思想和观念一点一滴地灌输给学生,避免长篇大论的输入,即使处罚学生,也要让他体会到教师的好意,避免产生敌意,影响学习;第二,树立优秀的榜样作用;第三,通过大量的实践活动使德育养成习惯,避免单纯规则的灌输;第四,奖励和处罚方法适当、同时并举,儿童的身心处于发展期,如果处理不当,极易扭曲其优秀德行的养成,不利于品德的培养。

(二) 关于体育的论述

洛克把体育培养出的健康体魄看成是绅士的根基,具有重要的作用。第一,健康的体魄是革命的本钱,有了健康的身体才能去提升智力和能力,获取经验,实现幸福的人生。第二,体育帮助个体获得健康,健康的体魄下的个体才能够积极地追求兴趣爱好,追求事业。值得注意的是,洛克强调的体育仅仅是个体身体的锻炼,他所支持的儿童通过户外运动、击剑、骑马等体育活动锻炼身体,基本上所有的体育活动都是通过绅士运动获取身体的健康。体育教育紧密地和绅士教育相联系。

(三) 关于智育的论述

洛克认为智育和品德教育具有同等重要的地位,智育主要是培养学生的智力,知识是智力的基础。教师在教学中牢记自己的任务不是把知识全部灌输给学生,而是教授学生喜欢的、感兴趣的知识,并且是通过正确的方式去获取。比如教师引导儿童通过游戏获取知识,培养和激发学生的好奇心，重视儿童问题的提出等，教会儿童积极主动地学习，而非被动地接受。洛克认为儿童具有较强的求知欲，教师可以适当地引导，鼓励其对知识的探索。

在教学上，洛克追求深入浅出、循序渐进的方式，根据儿童的个性特征，激发学生的学习兴趣，这些对西方的教育具有重要的影响。

### 三 全面发展观

洛克的教育思想是建立在他的经验主义的基础上的，主张遵循儿童的天性，教师加以引导，培养资产阶级的绅士。其中很多教育理论都表现出明显的儿童全面发展的思想，比如除了理论知识的学习外，还要求加强体育，培养儿童健康的体魄；通过德育，增强学生的品德培养；通过智育，提升学生的智力和解决问题的能力；还要培养个体遇事镇静、坚忍等品质。

他提出在儿童的教育过程中，学校要考虑到儿童的天性和个性特征，根据其兴趣爱好，设置合理、科学的教学计划；教师在教学过程中，要尊重儿童的天性，适当地加以引导，培养健全品格的个体。洛克的资产阶级教育理念是与当时的时代相适应的，过于重视道德对个人养成的作用。虽然，洛克所强调的儿童教育与我们当今要培养的社会主义新人是有出入的，但是，其关于德育的方法仍值得当今素质教育的借鉴。

## 第四节 让-雅克·卢梭的教育观

### 一 简介

让-雅克·卢梭（1712—1778 年），是法国 18 世纪伟大的启蒙思想家、著名的教育家、文学家，法国大革命浪潮的先驱，浪漫主义文学流派的奠基人，同时还是启蒙运动的杰出代表人物之一。著有《爱弥儿》、《忏悔录》等教育理论专著。他死后才成为大家推崇的对象，1971 年国会通过投票给卢梭的雕像题词为"自由的奠基人"。

卢梭推崇自然教育，甚至与好友伏尔泰等人反目。他所主张的自然教育原理对当时的社会具有划时代的意义，在深入教育改革的今天，卢梭的教育思想仍对我国树立正确的教育观指明了方向。

## 二 卢梭教育思想

### (一) 教育应该顺应自然

卢梭认为,教育的核心是遵循自然,顺应个人的本性。他反对学校教育抑制儿童天性发展的传统教学模式,忽视儿童个性特征,阻碍儿童的自由发展。在此形势下,他提出教育要顺应自然的教育观,这种自然指的是个体的生理、心理内在机制,即教育要顺应自然规律,顺应儿童的天性特征,促进个体的全面自由发展。同时,卢梭倡导自由教育,即儿童自己根据自我的喜好去学习,选择自己感兴趣的东西去学习,并尊重儿童的自由,在教学过程中运用自然的教学方式,促进儿童身心的发展和智力的提升。

### (二) 教育的目的是培养"自然人"

所谓"自然人"就是自由地学习、冷静地分析思考问题、独立地解决问题,在实践中不断地锻炼和提升自身。学校培训出来的学生应该在实践中不断地锻炼自己的能力,培养学生智力的时候,还要锻炼学生的体格,实现学生德、智、体、美全面发展,能够迅速地适应社会,成为尽职尽责的社会人。卢梭所认可的"自然人"主要有以下几个特点:第一,摆脱传统的约束,按照学生个体的自然天性学习;第二,具有较强的独立性,可以独立地思考、冷静地分析;第三,拥有较强的社会责任感,成为有用的社会成员,而非回到原始的社会中去。总体来说,卢梭所要培养的是摆脱传统束缚、迅速进入社会的新时代学生。

### (三) 教育要适应学生个体的生理机制

根据顺应自然的主张,教育要考虑到学生的生理特征,卢梭把儿童的教育阶段分成婴儿期、儿童期、少年期、青年期四个阶段。儿童健康的体质是智能和能力的根本,因此,婴儿期的教育任务是追求儿童身心的健康发展。卢梭认为婴儿应该在接近大自然的环境中成长,反对家长对婴儿的溺爱,婴儿应该经历大自然的风雨健康成长,养成健康的体魄。进入儿童期之后,学生的感官能力提升了,语言能力有所提高,但是还不适合进行抽象概念的传输以及理论知识的学习。此时,应该发展儿童的感官能力,即触觉、听觉、视觉等,通过游戏等实践活动,促进儿童的感觉能力的发展。到了少年阶段,就要对学生进行智育和劳动教育,激发学生学习知识的乐趣。进入青年期之后,就需要进行道德教育,重点地在城市的学校中进行,通过道德的约束引导学生树立正确的世界观、人生观、价值观,养成健康积极的情感和坚强的意志力。

### 三 卢梭的全面发展观

卢梭在教育界的贡献，虽然在其生前备受人嫌弃，感觉犯世界之大忌，但是在其死后得到广泛的传播和发展。在其众多的教育思想中，涉及了很多儿童应该全面发展的理论。

首先，他要求培养的自然人是摆脱国家专制统治的独立人格。当时的主流是培养服从国家意志的机器，卢梭打破常规特别强调培养人的独立分析和思考能力，使之能够在社会中独当一面。他的这种主张与我国现阶段宣扬的全面发展观的最终目的一致，培养健全独立的人格。

其次，卢梭将儿童的发展划分成不同的阶段，并详细论述了儿童各个阶段的教育方法、途径和内容，基本是根据儿童各个阶段内在机制的特点进行设置，顺应儿童生长的自然规律，有利于儿童身心全面发展，有利于儿童健全人格的养成。

最后，卢梭主张教师要从儿童的角度出发，满足儿童身心发展的需要。长期以来的教育从事者大都是从社会需求的角度出发，忽视儿童自身发展的特点，培养社会所需人才，教育沦为社会规范制造者的机器。卢梭打破传统社会人才的模式，缔造了独立人格的培养模式，对当时的欧洲社会化进程具有重大的推动作用。

卢梭作为出色的教育家，在总结前人经验的基础上，积极探索，启发人们用全新的视角来看待社会教育，倡导大家培养"自然人"，为我们当今的教育发展指明了方向，树立了儿童全面发展的典范。

## 第五节 裴斯泰洛齐的教育观

### 一 简介

裴斯泰洛齐（1746—1827 年），是 19 世纪瑞士伟大的教育家和教育改革家。他一生热衷于教育事业研究，凭借其对教育事业的狂热激情和无私奉献精神，取得了许多优秀成果，为后来的教育从业者树立优秀的榜样。著有《葛笃德怎样教育她的子女》、《林哈德与葛笃德》等著作。

裴斯泰洛齐根据教育顺应自然、教育要素理论等，研究小学各科课程的教学方法，被认为是教育史上小学学科教育的奠基人。主张唤醒儿童内在的伦理道德观念，帮助儿童建立崇高的个人品德，在此基础上进一步进行情感教育。此外，他还通过实物教学的方法，将教育学与心理学巧妙地连接在一起，提出了"教育心理学化"的著名理论，对后世的学校教育产生重要的影响。他所创建的朋友般的师生关系对当今以儿童为中心的教学仍有深远的影响。

## 二 裴斯泰洛齐的教育思想

裴斯泰洛齐受到18世纪启蒙思想的启发，认识到教育是社会变革的重要手段，不合理的教育方式和途径以及个体教育程度低下会导致社会的动荡与道德的沦丧。因此，他积极地倡导呼吁建立平等的民主教育形式，帮助整个社会各个阶段的儿童接受个体真正需要的教育。他主张通过教育的途径提高下层劳动人民及子女的知识水平，改变下层人民的生活现状。

裴斯泰洛齐提出每个个体都具有自然赐予的先天能力，并且可以通过后天的努力提升内在潜力，而教育的目的就是帮助个体激发内在潜力，实现个体全面发展。裴斯泰洛齐继承夸美纽斯、卢梭等人的教育顺应自然的教学原则的观点，主张教育要顺应儿童的潜力，自然发展。

此外，他是教育史上第一个明确地主张教育心理学化理论的教育家，认为只有当教学与儿童心理发展成熟阶段相适应时，儿童的内在潜力和能力才能实现大幅度提升，缺乏实践的教学方式是无法实现儿童心理的成熟，培育出全面发展的儿童。所以，他反对填鸭式教学的传统教学模式，宣扬教育要积极进行与儿童心理相适应的活动，激发儿童的内在潜力。

裴斯泰洛齐另一重要成就是他提出的要素教育的思想。他认为在所有的知识中都存在要素，教育就是从简单的要素灌输给儿童直至个体接受复杂的要素结束，儿童在要素教学中激发自身潜能的发展。他将教育划分为德育、智育、体育三个要素，德育要素即从子女对父母的爱发展至爱友人、上帝等所有人类；智育要素即从对事物的观察能力至解决问题的能力；体育即儿童全身机制的运动，从最简单的关节活动发展至全身各种的活动能力。这三种要素主要是通过几何、语文和算术来培养的，三要素理论的提出对当时的初等阶段的教育具有重要的推动作用。总之，其对近代教育的贡献，不仅影响了赫尔巴特、第斯多惠等人，而且产生了重要的国际影响，甚至对我国初等教育的发展也产生了影响。

### 三 裴斯泰洛齐的全面发展观

裴斯泰洛齐的教育思想中，最主要关注幼儿教育，强调培养儿童的优秀品德，提高个体的道德水平，丰富儿童内在的情感世界，实现个体综合素质的升华，改变下层人民艰苦的生活现状。他通过德育训练的方法，改变传统的口头说教的形式，进行真正的道德教育，在实践中对儿童进行德育教育，教学形式丰富多样，并且将教育建立在心理学理论的基础上，将心理特征与生理需求统一起来，进行新式的幼儿教育。

此外，他要求教师尊重儿童，不能轻易通过体罚纠正学生的错误，裴斯泰洛齐一般对学生体罚之后，立即主动地与学生接吻、握手等，避免学生产生仇恨心理。他的这种体罚含有爱的成分，是对学生在爱的基础上进行的严厉教育，体罚是为了实现更好的爱，当然这种教学方式在当今社会并不被提倡。裴斯泰洛齐通过实践提倡的"一切为了孩子"[1]的教育理论虽然有认识、阶级方面的不足，但是其教育精神对当今儿童全面发展教育仍有重要的借鉴作用，在现代，我们仍需要"一切为了孩子"[2]的教育精神。

## 第六节 约翰·杜威的教育观

### 一 简介

约翰·杜威（1859—1952年），美国著名的教育家，构建了实用主义理论，创建了具有改革性质的"儿童中心论"。[3] 著有《我的教育信条》、《经验和教育》等教育理论专著，一生所著的书涉及艺术、教育、经济等诸多方面。杜威的教育理论都是和哲学联系在一起的，他的诸多教育理论其实也是在阐述自己的哲学思想，或者是对其思想的具体体现。

杜威一生致力于教育思想的实践，形成了实验主义哲学体系，其教育思想曾对20世纪中国的教育产生重大的影响。

---

[1] 钟文芳：《试论裴斯泰洛齐"一切为了孩子"的教育理论》，《安徽教育学院学报》（哲学社会科学版）1996年第2期。

[2] 同上。

[3] 黎雯：《杜威的"儿童中心论"对个性化教育的启示》，《科学教育》2009年第4期。

## 二 杜威的教育思想

（一）提出教育即生活、学校即社会的思想

所谓的教育即生活是指学校的教育内容要与儿童的生活紧密相关，学校也要和社会保持联系。学校即社会是指当社会发生变化时，比如思想的转变、科技的发展等，学校也要做出相应的改变，时刻保持与社会的同步性。杜威此观点的提出，目的是使学校成为联系学生和社会的结合点，学校教授出来的学生，既可以满足学生学习知识的愿望，又可以满足社会对新一代人才的需求。杜威教育观中，儿童不仅在不断地成熟、成长，成人也不断地在进步。

（二）提出"儿童中心论"思想

杜威打破传统教育中教师中心的理论，提出了"儿童中心论"[1]，即把教学中的以教师为重点转变为以儿童为中心，教育为儿童服务，教育的各种实施方式都是为了促进儿童的各项发展。既然以儿童为中心，那么教育就要从促进儿童成熟和智力提升的角度出发，考虑到儿童的兴趣爱好、心理特点来进行课程设置，让学校成为儿童自由发展、增加自我社会经验的场所。总体来说，教师的地位退而求其次变成教学的引导者，儿童成为问题的主导者和积极实践者。

（三）主张重视学生个体的个性发展理论

杜威的核心思想是儿童中心思想，其他的教育思想基本都是为其服务的。他主张教育要重视学生的个性发展、智力提升和能力增长。通过教育，让儿童和社会联系起来，满足各自的需要，培养的学生具有一定的社会定向性，即教育既要顺应儿童的身心发展规律，促进个体的发展，又要满足社会的需求，让儿童与社会有效地连接起来。

（四）教师实行无为而治的主张

在杜威的儿童中心论中，教师不再是教育的领头羊、知识的灌输者，转而从儿童发展需要的角度去组织教学，引导学生在亲身实践中领悟教材知识，锻炼生存的能力。在整个教学中，教师和教学资料坚持无为而为的立场，儿童积极地在活动中吸取知识和经验，学生的活动和经验是教学的重点。

杜威的教育观点主要解决教育与社会相脱节、忽视儿童个性特征、理

---

[1] 黎雯：《杜威的"儿童中心论"对个性化教育的启示》，《科学教育》2009年第4期。

论脱离实践的问题,他所有的教育观点都是针对当时社会上出现的这三点的弊病进行的,对美国的教育理论发展和改革产生深远的影响。

### 三 杜威的全面发展观

19世纪的美国资本主义发展,社会矛盾尖锐,教育改革迫在眉睫,杜威在教育实践中分析各种原因,通过对旧式教育模式的批判,提出儿童中心论思想。儿童中心论的基本原则是以儿童为中心,从儿童教育出发,尊重儿童的先天个性,遵从儿童的兴趣爱好和心理发展规律组织学校活动,促进个体的全面发展。杜威的教育重点是培养能够适应民主社会生活的新一代公民,儿童与社会是统一的整体。

在其儿童中心论思想中,杜威并不是主张放纵儿童,而是根据其个体特点,对他们进行指导,把他们逐渐引导到民主主义社会的道路上来。在教学中,改变的只是教师独裁的地位,教师的权威仍要得到保证,教师是作为一个社会上的成员来引导儿童发展,帮助儿童健康发展,实际上是对教师的能力和素质提出了更高的要求。

杜威的教育思想都是围绕如何实现儿童健康发展展开的,他反对二元对立的极端观点,主张两者之间的转化作用,重在寻找中间媒介,因此杜威的教育理论的发展是不可能从一个极端走向另一个极端,从而能够保证理论的科学性。其儿童中心论深刻地阐述了如何实现儿童的全面、健康发展,对我国现代教育仍有深远的影响和借鉴作用。

## 第七节 蒙台梭利的教育观

### 一 简介

蒙台梭利(1870—1952年),是意大利第一位学医的女性并取得博士学位,"自由教育学派"的杰出代表人物之一,是意大利著名的教育家。主要著有《蒙台梭利方法》、《童年的秘密》等著作。《西方教育史》中称其为"二十世纪赢得欧洲和世界承认的最伟大的科学与进步的教育家。"[①]

蒙台梭利积极探索提升智障儿童智力的方法,提出"生理教育法",[②]

---

[①] 《蒙台梭利文集》第五卷,人民出版社2014年版,第12页。
[②] 苏永骏等:《蒙台梭利幼儿体育教育思想及其现代价值》,《南京体育学院学报》2013年第6期。

在1898年的教育会议上，她提出智障儿童只是生理感官发育不完整，行为动作有障碍，尚未掌握人类语言，应该和普通儿童受同样的教育。而且，她认为自己设计的教学方法同样适用于正常的儿童。作为20世纪著名的幼儿教育家，特别重视儿童的早期教育，积极进行教育实践与研究，开创独特的幼儿教育方法，推进了欧美国家教育水平的提升，并迅速流行于整个西方。

### 二 蒙台梭利的教育思想

蒙台梭利反对教育界对儿童的惩罚现象，反对教育忽视儿童内在的个性发展，学校应当为学生提供合适的环境，方便儿童自由地活动。其最主要的观点是倡导儿童学习自由和建立师生新型关系。

第一，蒙台梭利倡导儿童学习的自由。这里涉及的自由，指的是在打破阻碍儿童健康发展的过程中得到的自由，主要包括智能自由和道德自由。智能自由是让儿童在自由的游戏活动中，发展、提升自己的智力；道德自由是避免对儿童过于压制，使其产生反抗心理。她认为儿童厌倦学习是由于学校过多地干预学生的自由，即教学方法出现错误的原因。

需要强调的是，蒙台梭利强调的自由并非是毫无约束、随意的自由，是拥有前提条件的自由。首先，自由的前提是纪律的保证；其次，在引导儿童自我独立的氛围中实现自由；再次，自由活动的最终目的是培养学生的独立意志；最后，自由活动与培养学生的社会适应性密切相关。蒙台梭利宣扬发展儿童的个性，同时又不排斥发展其社会性，因为对于学生来说，学校就是一个小型的社会，学生可以通过这种环境氛围培养集体观念。

第二，蒙台梭利提倡创建新型的师生关系。她认为儿童是教学活动的主体，教师是观察、指导儿童活动的人，教师需要做的就是激发儿童的创造力和想象力，推进儿童个性全面发展。因此，教师首先需要意识到自己正确的身份，运用客观、冷静的头脑，正确地引导学生学习，不仅使自己成为有文化的人，还要帮助学生建立强大的内心世界。其次，教师还要掌握教学的技巧与方法。教师应当把握每个儿童的生理、心理的独特的特点，注重对儿童的个别指引，把握适度原则，防止过度努力而产生疲倦感和厌恶感。

### 三 蒙台梭利的全面发展观

蒙台梭利在教育史上的巨大成就在于其对儿童的充分了解之后所提倡

的教学方法和教学原则等一系列理论。她尊重儿童的生理特点，以及儿童生理机制成熟过程的特色，倡导学校教育的安排要在自由、和谐、有纪律性的氛围中激发儿童的内在潜力，帮助儿童培养其想象力和创造力，为儿童以后优秀综合素质的养成打下良好的基础。

她所创建的注重儿童感官锻炼以提升其智力的教学方法，不仅仅从如何提升学生智力的角度出发，还考虑到了普通儿童与低智能儿童之间的差距，她的教育目的就是帮助儿童发展个性。其以根据儿童个性特点发展教育方法的教育理念被我国一些幼儿园引用，但是她的儿童个性发展的教育理念并不是完全适用于我国的教育，我们只能借鉴其有利之处，促进我国儿童教育的继续发展。

## 第八节　让·皮亚杰的教育观

### 一　简介

让·皮亚杰（1896—1980 年），是瑞士著名的儿童心理学家、日内瓦学派的创始人，他将弗洛伊德的临床观察似的缺乏系统整理的理论整理得更为科学和系统，在心理学上做出极大贡献，将认知心理学阐释得更加完美。著有《儿童的语言和思想》、《儿童的世界表象》、《发生认识论原理》等主要著作。

皮亚杰吸收生理学、生物学等理论知识，把认知论和心理学紧密地联系起来，建立了发生认知理论，促进认识论的进一步丰富与完善。他还提出了儿童发展所需要的要素，极大地丰富了儿童心理学理论，是发展心理学的里程碑式事件，推动了儿童心理学的进步。他还将传统对认知论的静态分析进一步发展为动态的研究，后世所有的认知发展理论几乎都是在其认识论研究的成就基础上建立起来的。皮亚杰在教育上做出巨大贡献，尤其是在儿童心理发展的研究方面，对后来教育界的进一步发展提供积极的借鉴作用和理论基础。

### 二　教育思想

皮亚杰所有的教育思想基本都是围绕儿童认知心理发展展开研究的，其研究重点是儿童的思维发展，创立了一套完善的儿童发展认知论体系。

第一，学校教育的主要目的是锻炼儿童的思维能力和创造力，帮助儿童提升智力。皮亚杰将儿童思维能力和创造力的培养看成是教育的最高目标，学习、练习不是记忆知识、养成习惯，而是培养学生如何提升智慧的方法。他认为教育是促进儿童如何思考、心理成熟和智力提升的途径，因此，他极力反对传统教育模式中教师忽视学生主动性的作用，对学生知识的倾倒式输入。

第二，教育需要儿童积极主动地学习，皮亚杰认为儿童知识的获得不是依靠教师的灌输，而是儿童个体主动去探索，主动去学习知识。因此，教师在教学过程中只是学习的推动者、观察者，要尊重儿童的自我意愿，选择适合儿童个性的方式与内容教授学生知识。教师的工作主要是激发学生的兴趣，促进儿童的主动性与积极性。学生智力的提升是由个体内在的情感激发的，学习材料的选择要适应儿童的个体经验，并且要有创新性以保证学生的学习兴趣与积极性。

第三，儿童的知识需要在具体的实践中获取。皮亚杰认为知识的传授应该通过儿童自己去发现，在个体实践中填补自己知识体系的空白。而教师主要是创建舒适的氛围，提供所需的学习材料，让儿童自己去探索、观察、思考问题答案，同时，教师还要教会学生举一反三、学会学习、学会思考。

第四，学校教育要顺应儿童的生理特点，即学校课程设置和安排要根据儿童个体的生理、心理发展，合理、科学地安排教材和教学方式。具体做法就是儿童处于不同的生理阶段时，要选择不同的教学方式和教学内容，最大限度地调动儿童的内在智能因素，促进智力的发展。儿童之间的交往是建立在合作基础上的，互相之间相互学习、相互影响，促进儿童的学习和智力发展。

### 三　全面发展观

皮亚杰的儿童认知发展理论对教育的影响是深远的。他要求教育必须依靠儿童个性特征设置课程和安排教学计划，通过自我发现、实践活动等方法，激发学生的学习兴趣，丰富发展学生的认知结构，在活动中丰富儿童的知识结构体系。皮亚杰突破传统教学模式，激发学生的自主学习，降低了教师在教学中的地位和作用。

此外，他除了要求儿童思维的培养与创造力的提升外，还要求培养学生的道德发展，将儿童道德的发展分为道德他律阶段、道德自律阶段和公道阶段三个阶段。皮亚杰的道德发展理论和认知理论在个体的发展中是一致的，深刻地揭示了儿童内在机制的发展规律，其道德发展理论是在大量的观察、实践的基础上概括的，具有一定的可信度，值得我们当今发展素质教育借鉴。但是，他过分强调了儿童个体的自我能动性，忽视了外界客观因素对儿童发展的重大作用，我们要有选择地借鉴其儿童全面发展的理论。

## 第九节　维果茨基的教育观

### 一　简介

维果茨基（1896—1934年），是20世纪苏联伟大的心理学家，著名的教育家，主要探索教育中的儿童发展，研究儿童学习和个体发展的关系，提出认知发展理论。著有《儿童心理发展问题》、《儿童期高级注意形式的发展》等著名教育著作。他创建的文化历史理论对苏联和西方社会的心理学产生巨大的影响，被誉为"心理学中的莫扎特"。

维果茨基的教育主张和思想并非一开始就受到大家的推崇与信赖，直至20世纪80年代被当局解封之后，他的理论才广泛地被传播。他受到皮亚杰教育思想的影响，将皮亚杰的理论发展成更完善的体系，对教育界产生极大的影响。布鲁纳曾说："在过去1/4世纪中从事认知过程研究的每一位心理学家都应该承认维果茨基著作对自己的巨大影响。"[1]

### 二　维果茨基的基本教育思想

维果茨基认为教育只是儿童发展个性、智力，培养个体能力的手段，人的智力可以通过提高使用工具的能力得到提升，他将能力定义为思维思考能力和创造力、计划和计划实施的能力、语言理解和表达能力等。在人类使用的众多工具中，符号、图标、模型等只是沟通抽象与现实的文化符号系统，这些符号工具都是人类在社会实践活动中产生和保存起来的。而教育的最终目的就是为了给儿童详尽地介绍这些文化系统符号工具以及详尽的工具使用方法，使儿童能够拥有发现、探索世界的能力。通过这种能力的培养，能够促进儿童个性特征的发展、成熟，养成解决各种问题的理解、分析的能力，成为社会的完人。

---

[1] Брунер Дж：*Психология познания*，Москва 1977，с. 9.

维果茨基还阐述了语言和思维的相互关系,认为思维是主观的语言。他认为儿童在游戏中,会对正在发生的事情进行语言描述,时间久了,就会将外部的理论和语言转化为内部的思维,因此,儿童个体思维的成长是由语言基础决定的,语言构成了思维的基础。维果茨基认为教师在教学中具有重要的作用,教师需要引导儿童按照自身的发展规律进行发展,让儿童在一定的规范内完成任务,提升个体的智力和能力。

他还强调在早期教育中游戏的重要性,在游戏中,儿童在过程中的注意力远远大于对结果的注重。儿童通过游戏尝试能力之外的实践活动,个体对自我行为进行调节,使其在很大程度上适应语言的形成过程。

维果茨基通过理论和实践对儿童教育进行了大量的研究,发展了儿童自我语言内化的理论,尤其是其对认知发展理论的研究,更是影响深远。

### 三 全面发展观

维果茨基作为20世纪具有较大影响力的心理学家,其认知发展理论对西方教育界带来强大的冲击,尤其是其最近发展区理论和支架式教学影响重大。在儿童发展理论中,他将儿童发展水平划分为两种,一种是儿童现在所拥有的水平,即已经掌握的知识影响儿童心理机制所达到的水平,具体表现出来就是儿童已经掌握的知识和能力;另一种就是儿童将要达到的水平。两种水平之间的差距就是最近发展区。他的这种理论证明了儿童发展的可能性,并且帮助教育从业者观察儿童达到的水平和将要达到的水平,对教学的有效实施提供参考。

其支架式教学是教师指导帮助儿童解决其遇到的超过当前水平之外的问题,帮助学生建立合理的教学支架,使其独立地解决问题。其关于儿童的潜能激发的研究,主要主张教师提供给学生超过当前知识水平的任务,激发其知识水平和能力水平的不断提升。他的观点在西方影响深远,对我国当今的全面发展观也有较大的借鉴作用。

## 第十节 杰罗姆·布鲁纳的教育观

### 一 简介

杰罗姆·布鲁纳(1915—),是美国著名的心理学家和教育学家,主要研究个体认知过程,阐释在学习词语、概念、思维等方面个体的心理机制形式，在认知心理理论研究上具有重大贡献，主要著有《论认识》、《儿童的谈话：学会使用语言》、《教育过程》等论著，被称为杜威之后对美国教育影响最大的人。

布鲁纳在高校所进行的教学工作，为他将其自我的理论实践用于教育提供了有利条件，在儿童教育上做出杰出贡献。他认为教育在儿童个体发展上具有重要作用，主张教育要促进儿童认知能力的发展，提高智力。布鲁纳的教育理论引起美国教育界的课程改革运动，其对儿童教育的贡献不仅影响了美国教育界，对世界儿童教育也有重大的影响。

## 二 杰罗姆·布鲁纳的教育思想

布鲁纳宣扬学习不在于学生学会了什么，重在遇到问题怎么去处理，即处理问题的能力，学会如何学习，他主张学生发现学习，并进一步提出发现学习的方法。

第一，布鲁纳最主要的教育思想是"发现法"，所谓的发现学习就是在学校教学条件下，教师引导儿童自己越过事件的表象，发现内在的本质及其规律。学校教学注重的不应该是教学结果，而应该是学生学习知识的过程，教学的目的不是把学生变成一个微型的图书馆，而是教会学生如何获得知识、探索自然知识、学会学习的过程。因此，教育过程是发现学习的过程，应努力鼓励儿童自己去发现知识，发现解决问题的方法。他还指出，发现学习不仅是对未知领域的新探索，也是对已知知识的再认识。

第二，布鲁纳通过实验研究提出了发现学习的具体方法，即一方面鼓励儿童主动思考、自己探求知识的奥秘，刺激儿童的内在学习动机；另一方面是处理好新旧知识之间的关系。教学是教导儿童依靠自己的发现能力去发现知识，获取能力，获得学习的行为和习惯，这种教育形式下的儿童，可以对自己学习过的知识进行合理、科学的组织管理，运用所掌握的知识和自我培养的思维能力，解决遇到的问题，取得发现学习的教学效果。

第三，布鲁纳认为知识和智力是儿童智力发展的途径和准则。他提出儿童智力发展理论的五个准则，即刻画智力运算的特征、思想活动的自然方式、文化背景、进化的痕迹、教育的作用。儿童通过知识的学习促进自我能力的提升，逐渐具备独立思考、研究发现的能力，实现儿童智力、能力的提升。

第四，布鲁纳要求教师教授学生把知识转化为能力的技巧，而非仅仅是知识的灌输。布鲁纳主张教师要善于把所教的知识转化为学生便于理解的知识，让学生积极主动地去学习。为了更好地实现这一目的，教师可以让学生亲身体验知识的获取过程，亲自把握自我进步的速度，即学生自己找到自己适合的方法学习，只有掌握了自己的学习方法，才能更好地学习知识，更好地运用知识解决问题。

布鲁纳提出的教学思想中，发现学习法是其核心思想，教师需要做的就是引导学生主动积极地学习，引导学生学会学习，教学只是一个过程，不应简单地追求结果。

### 三　杰罗姆·布鲁纳的全面发展观

布鲁纳借助结构主义和认知心理学的理论研究教育，探索了一条全新的教育理论研究之路，他提出的教育思想中，强调了教学的目的和学生掌握知识的方法和途径，对当今素质教育改革具有重大的借鉴作用。

布鲁纳主张发展儿童的智力，并且是通过调动儿童自己学习的积极性去学习和探索学习的途径和方式，打破了传统以教师为中心的教学模式。他强调的是以学生为中心的教学模式，注重对儿童学习方法的培养，对当今我国素质教育有重大的借鉴意义。而且，他所赞同的教学模式是在激发学生学习兴趣和求知欲基础上的积极主动的探索，是一种激发内部机制的模式，非传统单纯地依靠外部刺激强化知识灌输的模式。这种方式有利于借助学生先天的智能，通过锻炼学生的想象思维，培养学生的创造能力。布鲁纳认为把学生的直觉思维看成是"科学发现和创造过程中极其宝贵的品质"。[①] 此外，他还注重培养学生的记忆力，重视对已掌握信息的提取和再加工，培养学生的迁移能力。

总之，布鲁纳的发现学习理论不仅对当时的教育事业有重大的影响，对当今我国素质教育仍有深深的借鉴作用。但是其只强调了发现学习，忽略了接受学习部分，我们在借鉴时须取长补短，忌全盘接收。

---

[①] 张华、石伟平、马庆发：《课程流派研究》，山东教育出版社2000年版，第128页。

# 第四章　多元智能理论视角下的小学生全面发展观

本章主要围绕多元智能理论的含义，以及主要特点和观点展开，重点是在多元智能理论视角下如何看待小学生的全面发展观，并从多元智能理论角度审视全面发展与个性发展的辩证关系。

## 第一节　多元智能理论的含义及现状

### 一　多元智能理论的含义

霍华德·加德纳（Howard Gardner）作为多元智能理论的提出者，被誉为"多元智能理论之父"。[①] 加德纳是世界上著名的心理学家和教育学家，现任美国哈佛大学教育研究生院的心理学和教育学教授，以及美国波士顿大学的精神病学兼职教授。同时，他还是美国哈佛大学"零点计划"学术委员会主席，即"零点项目"研究所主持人。他的著作超过20多本，发表的学术论文已逾数百篇。因其1983年创建的多元智能理论，加德纳被誉为"推动美国教育改革的首席科学家"。《纽约时报》称他为美国当今最有影响力的发展心理学家与教育学家。其足迹遍及五大洲，获得了众多的荣誉。

多元智能理论是霍华德·加德纳在其《智能结构》一书中提出的。传统智能理论认为，人的智力以语言智能与数理－逻辑智能为核心，并且是以整合的方式存在的一种能力。通过智力测验，这种能力是可以被检测出来的。加德纳在反对批驳这种观点的基础上，通过在有脑部受伤病人的研究中发现，他们在学习、辨别能力上存在很大的差别，从而提出了该理

---

① 沈致隆：《多元智能理论的产生、发展和前景初探》，《江苏教育研究》2009年第9期。

论。加德纳在此书中把"智力"定义为：智力是在某种社会或文化环境或文化环境的价值标准下，个体用以解决自己遇到的真正的难题或生产及创造出有效产品所需要的能力。所以，在霍华德·加德纳看来，智力是以一种相互独立的方式存在的一组能力。在此基础上，加德纳阐述了他的关于智能的种类以及多元智能理论。根据加德纳的多元智能理论，学校在发展教育的过程中，在培养学生各方面智能的时候，必须注意到每一个学生的智能并不是均衡与全面发展的，他们只会在某几个方面的智能特别突出。而当他们在其他方面的智能发展较为缓慢而未能追上进度时，不要让学生因此而受到否定或者责骂。

**二 多元智能理论的发展现状**

加德纳教授的多元智能发展理论自提出以来，就在世界范围内产生了深远的影响。多元智能理论作为具有科学性的教育哲学理论，是诸多学科交叉起来研究的一种产物，里面同时包含东西方古代与现代文化中的合理因素，被东西方许多教育家、思想家所接受。多元智能理论一度成为20世纪90年代以来教育教学教师改革的重要指导思想，尤其是在美国，该理论被接受及发展得最为迅速。现如今，已经有很学校将多元智能理论通过整合加工等方式纳入自己的教学计划中，而且已经有上百所学校自称是多元智能学校（MI），甚至还成立了一些机构专门对多元智能理论进行研究与分析，呈现出多元化的趋势。另外，在世界的其他各个国家和地区，该理论也在呈现出飞速发展的趋势。比如加拿大、英国、澳大利亚等，在多元智能课程编制，多元智能课程计划等的探索实施中取得了一系列丰硕的成果。

通过上述内容，我们不难看出，多元智能理论在国外无论是东方还是西方都已经取得了非常可观的成绩。那么在中国，该理论是怎样一个状况呢？通过对多元智能理论的研究，我们不难发现，该理论与中国的素质教育即全面发展教育观在很多方面的观点都不谋而合。该理论提出后，从20世纪末开始，就在中国大陆范围内受到了广泛的欢迎，各个阶层，各个地区，无论是各大中小学的教师、校长以及学生家长，还是那些专门的教育科研人员及领导人，都对这一理论表示极大的肯定与支持。自20世纪90年代以来，关于加德纳的多元智能理论的专著以及译著先后有近百部陆续在中国大陆出版。而在过去的很多年里，加德纳教授本人就曾经先后5次访问中国。最早在1985年的时候，加德纳本人就曾经在北京以讲座的形式,在中国向音乐界以及教育界对多元智能理论进行了一次演讲介绍。并且此次的演讲被录音并被翻译成中文,并发表于 1987 年。通过本次介绍,中国的艺术家和学者们对该理论有了一个初步的了解,其中有识之士便开始为该理论在中国的开展与传播而努力。不过该理论真正在我国受到重视并进行广泛的研究是从 1999 年加德纳的《多元智能》中译本在我国的出版发表开始算起。该译本自发表起就在中国受到了极为热烈的欢迎,并且使多元智能理论在中国迅速普及,众多的学者以及教育工作者等纷纷投入该理论的研究热潮中去。在 2003 年的中国百部教育学术类著作畅销书中,该书排在首位。2004 年 5 月加德纳教授第五次访问中国,在 800 多名会议参加者参加的主题发言会上,他此次的主题发言,使人们对多元智能理论的哲学内涵有了一个清晰的认识,并对它的教育学意义和在教育改革实践中的关键之处有了更为明确的认知。可以说,此次发言,对人们产生了非常重要的影响。于 2000 年成立的中国教育学会每年都会召开年会以及研讨会,其有一个关于多元智能理论的重点研究项目,即有一个"十五"期间的科研规划重点课题,研究在多元智能理论视角下开发学生潜能的实践课题项目。为了适应我国的基础教育新课程改革的实际需要,以多元智能理论为切入点,以全面开发学生各项智能以及提升智能能力为主的现代教育改革为主要借鉴,通过参与教学改革的不同领域中的各个实验区和实验学校进行的实践对比研究,逐步形成适合开发学生各项智能潜能和提升各项智能能力的学校课程和学校教学的基本策略,以及形成相对应的多元化的教育教学评价体系,从而为国家的教育决策以及各地学校教学改革提供一定的参考依据。而这也就是该课题的主要研究目标。该课题组每年收到的有关此理论和应用的研究论文,至 2005 年已经达到了 3000 多篇,成果颇丰。而且更重要的是,对于这一课题的理论以及实践的研究,已经先后有 800 多所各级各类的学校表示赞同支持并积极加入其中,成为该课题组的实验学校,而参加该课题研究的教师更是不计其数。而到了近几年,更有一大批学校对多元智能这一理论进行了一系列的相关实验,并取得了一定的成绩。到目前为止,已经有很多地方的多所学校都开设了多元智能教育试验区,其中比如像大城市的北京以及上海,还包括山东省的诸城市等都是其典型的代表。

综观国内外的研究现状,我们可以看出,多元智能理论自提出到目前为止,已经取得了非常丰硕的成果,并有了成功的经验。随着该理论进一步的发展和完善，其会为更多的人所接受与应用。

## 第二节 多元智能理论的基本特点和观点

### 一 多元智能理论的基本特点

加德纳的多元智能理论作为人类教育理论的一大进步，对人们的教育生活，都产生了非常重要的影响。其自身也具有独特的特点，具体如下：

（一）强调全面

在加德纳看来，每个人的这九项智能因素具有同等重要的地位，因此他强调大家要全面看待这九项智能因素，对其给予同样的重视力度，不要有偏颇。

（二）强调不均衡性

虽然这九种智能因素是每个人都独立具有的，但是由于受到各种不同的环境和文化背景因素的影响和制约，每个人都会有不同方式、不同程度的智能组合，因而每个人的智能都呈现出不一样的特点，这就是智能的不均衡性。

（三）具有规定性

规定性是指任何一项智能的发展都是沿着某一种路线，而不是其他的路线发展的倾向性。

（四）具有可塑性

智能的发展虽然会受到遗传因素的影响，但是其发展并不是因此而一成不变的。随着外界环境与教育的某些刺激，以及自身身体机能的成熟与发展，智能也会逐渐地发展与成熟。这也是一种适应性，但同时这也是一个漫长的过程。

（五）各项智能之间的发展是相互独立

一项智能在发展的过程中，如果发现存在某些问题，并不意味着其他智能的发展也会发生诸如此类的问题。我们不能因为学生的某项智能发展较慢较弱，就认为其没有发展的潜能。各项智能的发展是互相不受影响的。我们在教育孩子的过程中，必须清楚地认识到这一点。

（六）强调实践性

多元智能理论认为，一个人的智力水平要以解决实际问题的能力和创造力为依据。生活中，我们只有在实践的过程中遇到各种各样的问题，才会调动起我们自身的各项智能，通过智力分析来解决这些问题。另外，通过实践，我们的智力也会越来越强，解决问题的效率也会越来越高。所以，实践对智能的发展具有非常重要的作用。

（七）强调开发性

多元智能理论还认为，开发是一个人的多元智能发展水平的高低的关键。这就需要我们努力去建立起一种系统的体系，并能够以一种十分精确的、比较简单的方法去描述每个人智能的发展与演变，从而帮助每个人都彻底地开发其自身的潜在能力。作为学校教育来说，它是一种以开发各项智能为主的教育，因此，其主要任务是开发每一个学生的多种智能，能够彻底开发其潜在能力，提升自身的能力。通过帮助他们发现自身智能的特点，加以后天的学习和锻炼来促进其智力和能力成长与发展。

## 二 多元智能理论的主要观点

根据加德纳理论的观点，多元智能理论主要包括如下几种观点：

（一）在加德纳看来，每一个人都具备至少九项智能

加德纳的九项智能分别为：逻辑—数理智能、言语—语言智能、身体—运动智能、音乐—节奏智能、视觉—空间智能、内省智能、人际交往智能、自然观察智能、存在智能。加德纳认为这九项智能构成人类的最基本的智能结构，且其潜能是无限发展的。

（二）这九项智能虽人人都具备，但它并不是平衡地、并驾齐驱地发展

在每个人的成长过程中，九项智能的发展速度、强度都存在不同程度的差异，从而造成常人眼中的智能高低之分。实际上，这就是强项智能和弱项智能的差别。只不过，一个人强项智能特别强并且是多项共同发展，那么此人就具备成为成功人士的潜能；反之亦然。在现实生活中，个人的实际智能发展只有一两项智能能达到强项智能，所以，大多数人外在表现都是智力平平的普通人。

（三）即使是同一智能，其表现形式也是多种多样的

比如，在同样具有较高音乐智能的多个人之间，也有音乐家、音乐教师、歌手等区别。此外，还有一部分人虽然对音乐曲词调谱之类一概不懂，但却有极高的音乐鉴赏能力。

（四）这九项智能之间都是彼此独立

一个人的语言智能很强、而数理逻辑智能很弱，但他的语言智能并不能够迁移到数理逻辑智能上来。换言之，一个人语言天赋高，但是其数理逻辑推理能力并不足，他就不可能既是语言家又是数学家。

（五）一个人智能的发展强弱受到生活环境、文化背景的影响

生活在不同环境背景、文化氛围下的人，其智能组合也千差万别。在古代社会里，人们主要发挥自我的数理逻辑智能、身体运动智能、人际交往的智能和视觉空间智能，并主要依靠这几种智能获得相应的生存能力，以实现自我生存的目标。到了现当代社会，为了顺应21世纪社会发展的形势，人们主要运用语言智能、数理逻辑智能、人际智能以及自然探索智能，以获得相应的社会生活能力，从而从事相应的社会生产劳动。

（六）智能发展存在的差异使得每个人的智能各具特点、强弱不均

九项智能发展的不平衡性及其之间的自由组合等因素的存在，使得人们的智能多种多样，外在表现形式不一。

## 第三节　多元智能理论促进学生的全面发展

### 一　全面发展的前提是儿童强项智能的突出

虽然说每个人都有九项智能潜能，但这九项智能潜能并不是均衡而同步发展的，其中有强弱之分。虽然智能有强弱之分，我们也不能只照顾强项智能，而轻视弱项智能的发展。现在的教育，是提倡促进人的全面发展，培养德、智、体等全面发展的学生。而要促进学生的全面发展，首先要做的就是促进学生强项智能的突出。我们已经知道，全面发展并不是指各方面的均衡同步发展，小学生也很难做到德、智、体、美、劳各方面均衡发展。一般都是有几方面特别突出，或者几方面比较弱。多元智能理论也强调智能有强弱之分。几乎没有人的发展是所有智能都同步发展的。所以，要想做到全面发展，就要先突出学生的优势。因此，就存在一个寻找适合自己全面而有特点的发展道路的问题。只有发现学生自身智能发展的特点，找到恰到好处的时间给予锻炼，使其多项强项智能的能力得到提升，做到事半功倍，才有可能更好地实现学生自身的全面发展。

## 二 全面发展强调的是儿童各项智能的协调发展

在强调突出学生的强项智能发展的基础上，还要促进学生各项智能能够得到协调发展。也就是要进一步促进学生的各项智能全面发展。每个人都有全面发展的生理基础，就是各项智能，这些智能使其全面发展具备了可能性。所以说，促进学生各项智能的协调发展是有科学依据的，是客观而现实的任务。但是，这里所谓的全面协调发展并不是指让学生的功课成绩门门都达到优秀的程度，而是至少各项智能均能达到合格的水平。在当前的教育以及文化环境的影响下，每个学生都可以通过自己的努力达到全面发展所谓的"合格"水平线。在各项智能都能得到一定发展的基础上，全面发展才能得到更加充分的实现。

## 三 全面发展需强调以学生的强项智能带动学生的弱项智能

全面发展，需要我们在突出强项智能的基础上，促进学生各项智能的协调发展。同时，还需要我们通过发展学生的强项智能来带动学生弱项智能的发展。各种智能之间虽然不可以进行相互的迁移，但是通过对强项智能的开发与提高，其自己在这方面的能力得到锻炼和加强，可以增加学生的自信心，也可以积累各种有意义的学习经验，从而在发展自身弱项智能的时候，具有一定促进和协调发展作用。虽然智能的迁移性很差，但是智力和能力具有迁移性，因此，某人在一方面能力强，在办理其他事情的时候就可以将此能力迁移过来，双方是相辅相成的，相互促进的。而通过对学生弱项智能的开发与培养，还可以反过来推动强项智能的发展，有助于强项智能的巩固，以及整体智能水平的提高。也就是可以促进学生更好地进行全面发展。

## 四 全面发展的目的是使儿童的个性得到充分发挥，综合能力得到全面提升

个性发展是全面发展的补充，在对学生的发展过程中，要将二者结合起来。不同的内在智能结构，会促成不同的个性发展。所以教育工作者们在全面发展学生的各项智能的时候，要注意其个性的发展，给予其多样化的选择，从而可以发掘调动每个学生的潜在的智能水平，同时也帮助学生了解自己的长处与优势，只有了解自己的智能特点，从而才能做到有所准备、有所作为。只有当学生自身的个性有了充分的发展和展现，自己的主体地位才能得到真正的确认。更重要的是，培养学生的个性发展，同时也可以培养出各种专业型的人才，也就是常说的"三百六十行，行行出状

元",这也符合我国社会发展的客观需要。而个性发展反过来会促进全面发展,只有个体的各项智能得到发展,能力得到提升,其自身的综合能力才能有所发展,有所作为。

## 第四节 全面发展和个性发展的辩证关系

何为"全面发展"?教育部组织编写的《素质教育观念学习提要》一书中对"全面发展"的内涵作了这样的定义:我国教育方针所指的全面发展,是使学生各方面素质都获得正常、健全、和谐的发展,学生的脑力与体力、做人与做事、继承与创新、学习与实践,同样不可偏废。也就是说,全面发展,就是指要培养受教育者在德、智、体等方面都得到发展。实质上也就是要追求基本素质的全面发展。[①]

有全面发展,就有个性发展。个性发展就是在全面发展基础上的选择性发展,是在基本素质教育全面发展基础上爱好以及特长的和谐发展。个性是指个体在需求、生活习惯、性格、能力、兴趣、价值观念等方面形成的一种稳定的心理特征。在教育教学过程中,我们应当促进全面与个性协调发展。全面发展是基础,个性发展是必要趋势,在全面发展的基础上促进学生的个性发展,更有利于学生个性成长和成熟,同时在个性的发展基础上推动学生的全面发展,更有利于学生能力的全面提升,有利于学生成长。要知道,全面发展与个性发展不是对立的关系,而是一种相辅相成、相互促进、辩证统一的关系。

### 一 全面发展是个性发展的基础和前提

全面发展是个性发展的基础和前提。学生的发展都是只能发生在其所生存的现实社会之中,而不是发生在那种抽象的社会里。因此,学生的个性发展,也总是体现着我国的社会关系的性质,离开了现实的、具体的社会,学生的发展便不可能实现。小学生的全面发展即包括德、智、体等方面的协调发展。在我国,小学生在每个具体方面的发展都包含着不同而具体的要求。比如说,小学生在智方面的基本发展包括学习、接受和应用各

---

[①] 陈国庆:《一本集中体现素质教育观念的力作——〈素质教育观念学习提要〉简介》,《江西教育》2004年第5期。

个方面的基本知识、技能，从事各种科学实验活动等内容；小学生们在德方面的基本发展包括学习、接受和实践中华民族的传统美德和人类的基本价值准则，遵守法律，并能够运用一定的法律知识来维护自身的合法权益等内容；小学生在美方面的基本发展包括学习、接受和实践一些美的事物，提高审美能力和判断力，在琴棋书画等方面能力有所提高；小学生在体方面的基本发展包括要学会维护自身身体健康，学习体育运动方面的知识和技能，养成科学的生活习惯等内容。这既是小学生们为了生存所必需的最基本生活需求，也是我国社会发展对自己公民的最基本需求。更重要的是，那种对个人的发展以及成长起消极作用的个性，是坚决不能要的。

全面发展的主要内容和要求说明全面发展是个性发展的基础和前提。具体涉及以下方面：在学生的发展过程中，要实现个体的个性发展与独特需求，则必须发展和实现个体与社会最基本的需求，也就是说，学生实现个性发展，其前提条件是实现社会最基本的要求。如果个体的发展没有一个科学、独立的生活习惯，将会对个体自身的健康造成巨大的危害。因此，在个体独特性格的发生、发展过程中，必须努力纠正个体存在的不良特点，如急躁、优柔寡断等。同时，个体还要磨炼自己在基本的价值标准的基础上确立的已有的优良品质，如勇敢果断、坚强、有责任感等。个体发展自我科研能力、动手能力、探索能力等各项能力时，是建立在足够的知识、经验基础之上的，也就是个体必须学习和接受一定的最基本的知识和技能。即使是个体有多种可能性的选择，也需要遵守、尊重人类社会的基本的要求。

正如瑞士教育家和教育改革家裴斯泰洛齐所说："教育的宗旨不是孤立地发展个人，而是把个人放在人类缚在一起的大链条的位置上，使整个人都得到发展。"① 这便是全面发展与个性发展的辩证统一关系的一个体现。

## 二 个性发展是在全面发展基础上的兴趣以及特长有选择的协调发展

根据国家的规定，小学生德、智、体、美等方面都要达到大多数人可以达到的基本水平，全面发展要求的是个人发展范畴上的全面性与完整性，其基本标准是个体共性基础上的标准。确切地说，全面发展实际上是一种共性的发展，这种共性发展是超越个性发展的，具体表现为在全面发

---

① 郑秀明：《大学生个性发展的导向思考》，《黑龙江科技信息》2007年第11期。

展基础上的小学生个性的差异性存在。

个体在生存和发展过程中，可以选择自己所想要达到的标准和水平。例如，个体在道德水平上，可以选择自己达到高水平还是一般道德水平；在舍生取义上，可以选择放弃生命选择道义，也可以选择舍弃道义保护生命；在学习上，学生可以选择快乐学习，也可以选择题海战术负重学习；在身体锻炼上，学生可以坚持跑步锻炼，也可以选择加强锻炼成为体育运动者……个体选择与个体本身的强项智能有关，也就是说与个体的智力水平有关。因此，个体的基础知识积累和基本能力的养成对个体的选择有重要的影响，个体可以在自己兴趣爱好的基础上，选择不同的学科和活动课程，决定自己是否接受下一层次的教育和更高层次的道德水准。

初等教育最主要的任务就是培养学生的全面发展，在此基础上发展其个性特征、兴趣爱好，促进其综合素质和能力的发展。全面发展不是学生德、智、体、美、劳等均衡发展，而是根据个体的智能、智力特点，选择各方面适合达到的水平，实际上，全面发展更多地强调学生强项智能的发展和培养。个性发展仍旧是在全面的德、智、体、美、劳范畴内，是在全面发展下的兴趣和特长的选择。因此，培养新一代专业人才也要求在其全面发展基础上鼓励其个性发展。

另外，我们对全面发展和个性发展的辩证关系进行了简单的论述，未涉及二者对新教育理念探索的影响，这将在本书后面章节进行具体的阐述。

## 第五节 多元智能理论的全面发展对家长及教师的启发

美国哈佛大学教授霍华德·加德纳提出的"多元智能理论"，为我们全方位、多角度地认识人的"智能"提供了全新的角度与思路，不仅仅有助于认识自己的"材"，更有助于指导学校、教师和家长认识"如何有效地教"，如何尽可能地发掘每个个体的潜在能力，以促进他们的全面发展与个性发展。多元智能理论不仅仅在我国，而且在世界各地的许多国家都产生了重要的影响，并已成为某些国家甚至美国的教学改革的重要指导思想。在我国，关于加德纳的"多元智能理论"的研究和应用虽然相对于国外起步较晚，但其发展和应用速度较快，已日益受到教育管理者和工作者的重视，并且与我们的全面发展教育观相结合，形成多元智能角度下全面发展的新内涵，这为我们的教师以及家长带来了很多新的启示。

### 一  每个人都有九项智能潜能，而且都有强弱之分

每个人都有九项智力潜能，而且都有强弱之分，我们不能因为孩子的某一项或者某几项智能发展较慢较弱而表现得不如其他孩子好时，就对其加以否定，进行责骂，甚至丧失对孩子的信心；也不能因为孩子的某一项或者某几项智能发展较快较突出，就认为其是"神童"之类的人，甚至不再注重对其后天的教育以及自身努力。我们应该认识到"天生我材必有用"[①]的道理，找出每个孩子身上的长处与优势，并发挥出来，再配合其他方面的发展，促进其全面发展与个性发展相结合，将其培养成对社会有用的人才。

### 二  遵循孩子的身心规律

孩子的身心发展都有其客观的规律可循，教育就要尊重并遵循孩子们的客观规律。尤其是当孩子的某几项智能发展较慢时，一定要对其有耐心，并在恰当的时间给予其恰当的训练和教育，不要听之任之，放任自流。要做到恰到好处，不能拔苗助长。

### 三  提高认识，加强孩子强项智能的发展

在每个孩子的发展过程中，有些孩子在某些方面的智能特别突出，也要给予高度重视。我们应该认识到，这种现象有两种可能。一方面，这个孩子真的可能是那种"天才"类型的，特别聪明。这时我们就要充分利用其优势，再通过后天的教育，将其培养成对社会发展能做出突出贡献的人。另一方面，孩子的这种智能发展特别突出的现象，可能只是该智能发展较快较早，提前成熟，这时我们要更加注重后天的教育，多加努力，将来也会成为有用的人才。更重要的是，我们还要注意这一部分儿童的心理发展，避免其出现因逐渐长大自己的优势智能被其他孩子追上或齐平后而出现的失落感，甚至是对自身的否定。我们要引导他们树立正确的心态。

### 四  认真对待，把握好孩子的发展阶段，切记拔苗助长

另外，在孩子的发展过程中，有些孩子在某些方面的智能表现得特别

---

① 于波：《天生我材必有用》，《教育文汇》2012年第10期。

迟钝，也要引起我们的高度重视。这种现象也会出现几种可能。一方面，说明这些智能确实是弱项，家长要给予正确的态度以及适当的引导，并去挖掘孩子其他方面的强项智能，让强项智能得到更好的发展。另一方面，可能只是这些智能发展较慢较迟，经过一段时间，就会追上其他孩子或者持平。因此家长也要注意孩子的心理，不要让孩子产生自卑感，不要"拔苗助长"等。最后，这类孩子还有可能是属于"大器晚成"的那种人。后期该类智能不仅追上其他孩子，而且有可能远远超过其他孩子，这时家长就更要注意对孩子进行正确的、恰当的引导和辅导，切忌"拔苗助长"。

总之，多元智能理论以及发展不平衡理论最大的意义就在于智能多元性引导人们走出以单一的、固定化的标准衡量人的智力发展状况的误区，以多元、多维、多角度的形式，更加客观、公正、科学、全面地认识人的智能面貌，为我们客观地评价人的发展，以及教育学生更好地实现其全面性奠定了理论基础。反思我们的教育，在学生发展的认识问题上提倡全面发展观，二者存在很多共同之处，我们在进行教育的时候，要注意将二者结合起来，共同致力于促进学生的全面发展以及个性发展。

# 第五章　从能力是合力角度看全面发展观

第四章中已经从加德纳多元智能的角度对全面发展做了全面、详细的论述，个体全面发展的目的就是提升个体的综合能力。那么，什么是能力？能力和智能有什么关系？智能和智力指的是什么？……教育界对这些问题尚未有统一明确的定论，但是，我们要想探索素质教育理论，促进儿童的全面发展，这些概念和它们之间的关系不可避免需要阐述清楚。我们从加德纳的多元智能理论的角度，对智能、智力和能力的内涵以及它们之间的关系做出新的论述，并且对如何帮助小学生获得各项基本能力提出一些建议。

## 第一节　智能、智力和能力的再认识

### 一　智能

（一）智能的含义

对于智能的定义，学术界众说纷纭，尚未达成一致。有人认为，智能是指个体对客观事物进行合理分析、判断及有目的地行动和有效地处理周围环境事宜的综合能力。也有人认为，智能是多种才能的总和。[1] 结合加德纳先生的观点，我们对智能的定义是：智能是智力的实体存在，由智能的本质决定，受遗传的影响，从生命的出现就起作用，并将按照特定的途径发生、发展。

智力是一种抽象的概念，我们平时所观察到的智力都是个体外化出来的个体行为。比如一个儿童比其他儿童更早地学会走路、说话、算数，班级上的学习佼佼者，科研创新能力较高的个体……我们一般认为这种儿童

---

[1] http://wenwen.sogou.com/z/q113390423.htm.

很聪明，即智力水平高。其实不然，大家观察到的只是儿童强项智能的体现，是个体智力的具体表现。只是，儿童的智能主要是受遗传所决定的，每个人无论智商高低、精神正常与否都有九项智能，表现出来较明显的是九项智能中的强项智能，可能是一项强项智能，也可能是多项智能。简而言之，个体的九项智能是其先天内在的机制，是智力的具体存在。

（二）智能的特点

根据智能的含义，智能具有以下的特点：

第一，智能具有规定性。任何人的智能都是在遗传的前提下，沿着某种特定的路线向前发展。每个人智能的高低都受到遗传的限制，后天外在环境因素的影响并不能对一个人的智能产生翻天覆地的变化和质的改变，当然，需要把非常人因素除外。即使是后天的环境对个体智能有改变的可能，每个人的智能发展路线也是在先天遗传的影响下有所发展，最终达到个人发展的最高水平，即个体从出生开始其智能的强弱、发展方向就已经有了具体的规则和规律。

第二，智能具有可塑性。虽然个人智能的高低受先天遗传的决定，但是并非一直不变，在后天的发展中，个人智能会随着有机体生理机能的成熟和外界生存环境的刺激逐渐发展成熟。例如，营养的加强，或者通过加强对强项智能的锻炼、增加个体知识积累的广度和深度等途径，可以影响个体智能的水平。同时，值得注意的是，智能发展的规定性特点远远大于其可塑性特点，即后天对智能的改变十分微弱，并且其可塑性的发展阶段是一个漫长的过程。

第三，个人的各项智能之间是相互独立的。最明显的例子就是，一个人的某种智能出现问题或受到损伤，并不会对其他各项智能产生较大的影响，作为家人或教师，不能因为个体的某一项智能弱就否定个体的智能发展，定义为低级智能者。由于智能发展并不平衡，无论是个体本人、家人，还是教师都要对发展中的儿童抱有信心，不能根据一时或当前的某些情况妄加猜测，怀疑儿童的智能水平，造成儿童紧张中的身心伤害。加德纳曾说过，智能是多元的，这些智能并非可以证明物质上的实体存在，而且是作为潜在的、有用的科学概念而存在。我们不能凭借尚未确定的抽象的概念，伤害发展中儿童的智能，给发展中的儿童心理上留下不可磨灭的影响。

第四，并非所有的智能都以一定的生理基础为支撑。比如，对于歌手来说，嗓音具有优势，具有鲜明的生理基础——喉头和声带。但是，对于数学家、辩论学家等逻辑推理智能、人际交往智能强的人，却很难找到准确的生理机制作为支撑。如何判断儿童的逻辑—数理智能、人际交往智能等抽象概念？一般来说，我们可以通过对儿童日常行为、处理问题方式的观察以及简单的量化测试，分析抽象智能概念的具体形象，概括出儿童的强项智能。

智能作为智力的具体存在，其先天的规定性决定了后天发展艰难与微弱；九项智能的独立存在又保证了其共同发展的可能，不会出现一荣俱荣，一损俱损的形势；缺乏具体的生理机制的智能需要依靠儿童外化、量化的行为去发现……智能除上述主要的特点外，还具有其他的细微特征，在此不一一论述。

## 二 智力

### （一）智力的含义

在传统观念中，智力通常被称为智慧或智能，是人们在认识客观事物的基础上，运用已掌握的知识，解决实际问题的能力，通常包括记忆力、观察力、注意力、想象力、思维力、创造力等。人们用智力商数（IQ）表示一个人的智力发展水平，即智力的高低。[1]

我们定义为：智力是通过感知、理解、巩固、记忆、想象、分析、归纳等，针对当前面临的问题，运用所掌握的知识和技能，根据已有的经验，综合调动多项智能，所产生的一种心理活动。

简而言之，智力就是当你面临一定的情景时，调动个人的多项智能，并运用所掌握的知识和技能，所产生的一种心理活动。智力是在先天遗传的基础上，通过后天学习与环境影响相互作用而产生的结果。比如，工程师们在建造一座建筑之前，会通过对基地实际周边环境、地形、建筑未来用途等的分析，结合自己所拥有的专业知识技能和多年来积累的经验，勾画出蓝图；学者们在进行课题研究之前，会通过对相关课题研究的可行性与重要性、课题相关研究现状、发展前景等的分析，结合目前自我的知识结构和长久以来对本课题的发现，构思出课题的基本结构框架；家庭主妇们在进行家务之前，也会通过对家庭的整体结构、需要整理的物件等的分析，结合自己多年来的经验，寻找最有效和最简单的计划……

---

[1] http://baike.sogou.com/v217524.htm.

由此可见，智力是面对一定情景时，几项智能综合发挥作用，运用所学知识技能与长期积累的经验，所产生的一种心理活动。值得注意与强调，智力活动不仅有智能的考察，还有综合起来的各种因素考验，单纯的智能并不能代表智力因素。智力因素是由多方面构成的，在智能的基础上，还有学习与教育、社会经验以及环境的作用等因素。

(二) 智力的特点

我们对智能有新的观点，主要涉及以下几个方面：

第一，智力是在智能可塑性的基础上发展起来的，具有可塑性和灵活性的特点。

智力会随着外界因素的介入而有所改变，随着客观环境的改变相应地有所调整，尤其是在环境对有机体的刺激条件下。比如，一个蓝图的构思、一个方法、一个计划等，根据环境的外在刺激的变化，个体的心理活动都会产生波动，产生灵活性改变，强烈刺激达到一定程度之后，将发生智力重塑。比如儿童大脑受损之后，部分智能和智力将会受到严重的影响，精神病人和后天弱智儿童的智力有所改变大都是此因素作用的影响。

第二，智力具有规定性，这种规定性是源自智能。

由于智能是智力的实体存在，智能是沿着某一特定的途径向前发展，所以，智力也具有一定的规定性，且是从智能的规定性特点发生、发展而来的。必须强调的是，智力的规定性只是智力发展过程中的辅助层面，其可塑性与灵活性的特性远远重要于其规定性的特性。

第三，加德纳教授提出智能具有可塑性和灵活性的特点的理论概念较模糊，并没有明确地讲解清楚。经过之后大量的案例分析与实验研究，我们认为智能的可塑性与灵活性即智力的可改变性和灵活性，从这个角度来思量，加德纳教授的观点模糊难题则迎刃而解。并且，从智能的概念中剥离出的智力的可塑性和灵活性是极其合理与科学的。

第四，智力具有可迁移性，主要表现为我们对某一方面的经验能够迁移到解决另一件事情上。同样，"思维定式"、"刻板印象"也是一种迁移，只不过是一种习惯性迁移的现象。此外，我们常说"吃一堑长一智"也属于此类。个体一生的不断学习与成长，离不开经验的积累与学习的不断进步。实践证明，外界环境因素的介入，对个体智力的波动有较大的影响，智力是在变化中实现不断发展，具有可迁移性。

总之，智力作为一种心理活动，是一种抽象的存在，我们只能借助于个体外化的能力来观察。智力是在智能的基础上，个体更高水平的存在，智力具备智能的一般特性，并且它可以通过后天的环境因素来改变，具有迁移性。

## 三 能力

### （一）能力的含义

通常来说，能力是完成一项目标或者任务时所展现出来的综合素质，人们在完成目的活动中所表现出来的能力是各有千秋的，能力的发生、发展总是和个人完成实践活动相伴而生，能力离开具体实践是无法具体变现和继续发展的。本章强调个体能力的发展必须与时间活动相联系。所谓能力，就是个体为了适应和改变外在环境因素，利用有机体自身的智能，运用智力因素，解决实际问题的一种实践活动。

### （二）能力的特点

作为实践活动的能力，是在智能和智力共同发挥作用的基础上工作，它具体表现为：

第一，能力是多项智能、知识以及个体经验等结合起来所形成的一种实践活动，这种合力的组合并非简单的线性相加，是多元空间相作用的结果。

智能作为能力存在的物质基础和智力的实体存在，具有举足轻重的作用，是个体生存发展必不可少的因素。智力作为能力构成要素之一，是表现能力的一个平台。当个体受到现实因素的刺激时，通过各种心理途径即智力，找寻最佳解决之道，仔细分析就会发现，这个过程中也包含了能力活动过程。总体来说，智力和能力之间的关系是微妙的。个体能够通过心理活动提供的解决之道、心理活动，找寻最佳方案，最终达到最初目标。我们认为，现实生活中，对一个人能力的肯定与赞美，也是对其智能与智力的认可。

第二，能力是实践活动的结果。能力与实践活动是密不可分的，通过实践活动，利用我们的智能基础和智力活动，达到个体的实践目的。此外，个体的能力也是在实践中得到不断的锻炼和加强，解决问题的效率越来越高，实践是能力成长的沃土。

第三，能力具有规定性。智能是智力的实体表现，能力涵盖智能和智力，由于智能和智力规定性特点的存在，能力同样具有规定性的特点，个人能力的高低，受智能基础和知识、经验的制约，能力表现千差万别。

第四，能力具有灵活性和可塑性，个人能力虽然受到先天智能的制约，但是，通过后天的教育和个人经历等可以实现重塑。资质平庸之辈可以通过后天学习与锻炼，以及个体主观能动性实现能力的提升与飞跃。而先天智能较高之人，则可以通过后天的不断磨砺，达到更高的能力水平。很多人在抱怨自己能力差之时，并非先天的愚钝，而是后天努力不足的结果。当然，先天智能缺损或后天智能受到损伤之人除外。

我们评价个体能力的高低，是基于个体解决实际问题的表现以及周围人对问题解决的满意程度，实际上，我们看到的能力是智能、智力以及外界因素作用下的综合素质，能力最终是合力的外在表现。

## 第二节　能力是合力理论与小学生全面发展的关系

### 一　能力与智能、智力的关系

（一）智能是智力、能力的基础

上一节已经提到智能的含义和特点，个体只有具备了具体的智能，那么智力和能力才有发展的基础，拥有进步的可能性，每个个体都是在自我强项智能的基础上，发挥自我智力与能力。比如，一个身体运动智能有缺陷的人，其运动智能较常人是较低的，很难通过后天的锻炼和智力支持在运动场上有所成就；我们也很难使数理逻辑智能有缺陷，即在数学方面学习、理解出现较大困难之人在数学领域取得卓越成就。

个体之间的智能是千差万别的，表现在智力方面则是智商水平的高低，具体外化为解决问题能力的强弱。不同个体面对同一个问题时，所产生的智力活动是不同的，同时，他们平时所具有的知识水平和后天阅历也存在较大的差异。因此，不同个体能力方面存在较大的差异。智力是一种心理活动，那么，不同个体处理同一问题时，其调动的智能项目和智力因素受后天影响会有很大的不同，有的人调动两项，可能有的人就会调动五项，甚至更多。具体表现出来就是解决问题能力的强弱，以及问题解决的完美、满意程度。此外，在个体不同成长阶段时期，智力是不断发展变化的。

比如，小明与小强九项智能都完好无损，并且发展都大致相同。但是，当这两个人面对同一问题时，其调动的智能组合是不同的，小明调动的可能是 A、B、C、E（如果把九项智能用 A、B、C、D、E、F、G、H、I 代替）四项，小强调动的可能是 A、B、C、G、H 五项。外化为具体的行为，就是解决问题的能力不同，两个人的智力水平存在差异。假如两人运用的智能类型和智能发展程度都相同，都运用 A、B、C、D 四项智能，但是，小明四项智能中 A、B 是强项智能，小强的 B、C 是强项智能，那么，两人展现出来的解决问题的能力和智力水平也会存在差异。再者，两人运用的智能和强项智能都相同，但是，两人的基础知识水平和后天的生活经验等不同，那么，他们表现出来的智力和能力仍旧有差别。因此，个体之间的智力和能力是千差万别的，不存在智力和能力完全相同的两个个体。

（二）智能有优势，智力和能力未必优秀；反之，智力和能力优秀，智能一定不差

能力和智力是多方面综合合力的结果，智能只是其中的某一种组成因素，尤其是后天获得的知识和经验，在提高人的能力方面具有重要作用，因此，智能方面有优势的人，能力未必优秀，也可能很差。比如，一个身高 1.75 米的正常人如果没有后天游泳训练，这个人是没有游泳能力的。在遇到此类事件时就很难有所作为。反之，如果一个会游泳的人，没有体育智能的支撑，也难以在游泳项目中取得优异的成果。智力的发展受外界环境因素、后天学习、个人生活经历以及个体主观能动性等众多因素综合作用的影响，只考虑某一方面，对智力的分析是不全面、不客观、不科学的。智能和智力之间并不是简单的对应关系，是一种包括与被包括、涵盖与被涵盖的关系。

（三）多项智能都比较强时，个体解决问题时的智力和能力都较强；反之，个体能力强，必有多项智能表现优秀

解决某个问题时，个体需要多项智能的支撑，才能更好地解决问题。比如，外交家的人际交往能力强，在外交场合运筹帷幄，总揽全局，他们的语言组织能力、语言运用能力必定不弱，追溯到生理因素则是言语—语言智能强。此外，外交家的语言、行为缜密，即数理—逻辑推理智能十分优秀。外交家们的人际交往能力强，并非仅仅是这三项智能辅助的结果，还有音乐智能、自然探索智能、空间智能等多项智能构成交际能力，再加上后天学习积累、生活经验等外界因素的推动。九项智能虽然是彼此独立

存在的，但是，却又是相辅相成，协同合作，致力于问题的解决。

反之，个体 A 和个体 B 的言语—语言智能、数理—逻辑推理智能都比较优秀时，但个体 A 的空间智能优秀程度高于个体 B 时，那么个体 A 解决几何问题的能力将高于个体 B 解决问题的能力，这是毋庸置疑的。

（四）单项智能强，其他智能项目弱，个体解决问题的能力、智力不一定强；个体某方面能力弱时，必定有一项或多项弱势智能

简单地说，文科生大多言语—语言智能强，数理—逻辑推理智能、自然探索智能等智能项目较弱。因此，文科生在解决几何、推理类的问题和自然探索类的问题时，无法达到预期的计划目标。而理科生的数理—逻辑能力强，但是言语—语言智能弱，相比而言，其人际交往能力也比文科生略逊一筹。因为理科生在语言运用得当、表达清晰明了等都逊于文科生。

九项智能是个体智力的实体体现，智能、知识、个体经验等因素的协调合作构成了能力，三者之间联系紧密。个体想提升自我能力，一是必须加强自身智力水平，这就需要在自我先天多项智能的基础上，通过后天的不懈努力，学习文化知识和丰富个体经验，实现个体的全面发展；二是让个体的每项智能得到锻炼，提升其每项智能的能力，比如个体学习游泳、篮球、象棋、绘画、器乐、书法等，尽可能多地让各项智能得到锻炼，提升自身的能力。

## 二 能力是合力

能力是个体为了应对外界刺激，运用个体多项智能的组合活动以及个体的智力因素，解决实际问题的一种实践活动，确切地来说，能力是一种合力。比如，作曲家的作曲能力强，在音乐界运筹帷幄，总揽全局，他们的语言组织能力、语言运用能力以及音乐运用能力必定不弱，追溯到生理因素则是言语—语言智能、音乐智能强。此外，音乐家用词缜密、音符排列合理有序等，即数理—逻辑推理智能十分优秀。音乐家们的作曲能力强，并非仅仅是这三项智能辅助的结果，还是自然探索智能、空间智能等多项智能共同努力的效果，再加上后天学习积累、生活经验等外界因素的推动。

能力是众多合力作用的结果，个体智力、智能不平衡发展的特性使得个体能力存在较大差异。假设 a、b、c 分别代表同一个体的三种不同的智能，D 是三项智能正常发挥作用所要达到的水平，F 是个体实际表现出来

的智力和能力水平。那么，某人的强项智能就是 a；智能 b、c 与正常人的智能值相比较低，是个体的弱项智能。也就是说，某个个体的 a 项智能是强项智能，高于常人，但其他两项智能低于常人。正常情况下，a 项智能能够达到 D 所处的智能水平，但是由于其他两项智能 b、c 是弱项智能或较弱项智能，那么三项智能综合发展之后，个体实际表现出来的智力和能力 F 要远低于个体预期的智力和能力 D。

在这几项智能比较中，我们明显地发现以下现象：

第一，当个体的弱项智能较多时，会降低个体整体的智力和能力水平。我们平时观察到的儿童在某个方面无法达到正常人的水准，并不是他过于愚笨，而是其弱项智能过多。

第二，在不同个体之间，强项智能相同，由于其他智能发展的不平衡性特点，其在相同能力方面所具有的智力、能力也存在差异性。事实证明，解决某一方面的实际问题所需要的智力、能力，不仅仅只具有单项强项智能就能够顺利完成的，还需要多项智能的组合，才能实现最佳的效果。即使个体强项智能水平相似，但是由于组成能力的其他几项智能水平较低，因此个体所表现出来的总体能力水平相对来说就较低。反之亦然，当看到某个人在某一方面能力较差时，解决相关问题难度较大，必定在这一能力方面有单项或多项弱项智能。

能力不仅是多项智能组成的合力，还有个体后天知识积累、生活环境、生存经历等外在环境因素的组成成分。比如先天智能水平相当的两个个体之间，他们受教育水平高、低，以及外界环境的刺激不同，两者解决问题的方式是完全不一样的，发展方式和表现方式也是不一样的，一个可能是科学家，另一个可能是企业家。

也许会有人认为，先天智能弱的人，后天教育经历和生活环境都高于先天智能高的人，那么其个人能力将会高于先天智能强的人，我们不否认这种现象的存在，在现实社会中确实存在这样的案例，高中同学中，在班级中居十几名的同学，经过不断的努力，后期发展往往较好，而班级第一、二名的同学，经过几十年的发展，可能不如后几名的同学。但是，凡事均有例外，我们只能对其进行笼统的概括。再者，智能作为智力、能力发生和发展的基础，对个体智力水平和能力高低具有重要的基础作用，后天的外在因素能促进在智能基础上形成的、具有可塑性的智力和能力提升到一个更高、更好的空间与水平。

总体来说，个体智力和能力在各个阶段都是不平衡发展的。能力发展是不平衡的，经我们研究发现，其最佳发展阶段是在儿童阶段，尤其是小学生阶段。个体能力发展是至关重要的，我们发现了发展的黄金期，那么，小学生全面发展的重要性就不言而喻了（本书后面章节，还要论述小学阶段是人类全面发展的重要阶段）。

### 三　如何提高儿童的能力

众所周知，儿童个体能力的培养十分重要。那么，儿童如何获得能力以及提高个人能力呢？

个体九项智能的发展是不平衡的，即使是精神病人和弱智儿童都具有这九项智能，只不过是其强项智能也比正常人的这几项智能的水平低。我们每个人都具有各自的强项智能，如文科生强项智能是言语—语言智能，理科生的强项智能是数理—逻辑智能，运动员的强项智能是身体—运动智能，科学家的强项智能是数理—逻辑智能和自然探索智能……同理，个体也都具有多项弱势智能，全才者是生活中极少数的存在。那么，我们要提高小学生的能力，首先需要提高学生的智力，即个体在智能基础之上的心理活动，如何提高学生的智力呢？最主要的是根据学生的智能发展情况，尤其是个体强项智能的发展情况。实际上每种智能的发展期是不相同的，有的智能成熟得早，有的而成熟得晚，我们需要做的就是在智能发展到最佳阶段时，根据其智能特点进行锻炼，获取个体智能能力的最佳水平，当然更重要的是后天的努力。

美国心理学家格赛尔所做的著名"格赛尔双子爬梯实验"很好地证明了在关键期内合适的时间对智能进行开发的有效效果。他将一对孪生子分为A、B两组，儿童A在出生后的第46周进行爬楼梯锻炼，儿童B在出生后的53周进行锻炼，都练习到第54周。实验结果出人意料：儿童A锻炼了9周的时间，耗时20秒才能爬上特制的五级楼梯；儿童B锻炼了2周，10秒内就完成了任务。格赛尔先生对双胞胎儿童进行的爬楼梯实验证明了儿童的强项智能变成能力存在最佳发展阶段，过早或过晚的智能开发都不利于儿童的智力和能力的发展和提升。我们研究发现这个最佳发展阶段就是儿童12岁之前（因人而异）。当个体的强项智能出现时，通过不断地锻炼、知识输入和已有知识的整合，提升其智力，提高个体的能力。具体来说，儿童能力的获得是知识、经验、智能等因素发展的结果。儿童的各项智能并不是同时发展，因而发展得不平衡，所以，再开发儿童的智能的时候要恰到好处，以免拔苗助长。学校教育、社会环境的介入只是借助后天人为因素，增加个体的知识储备，丰富个体的生活经验，从而促进儿童的智力发展，培养儿童解决问题的能力。

处于小学生教育阶段的儿童，其生理和心理都处于逐渐趋于成熟的阶段，其各项智能尚未定形，仍在不断地发展。学校就要在保证基本理论知识学习的基础上，发展多种多样的活动课程，根据儿童表现出来的强项智能，有针对性地进行培养锻炼，抓住其发展的最佳时期。美国的小学学校就较好地做到了这一点，每个小学生接受的基本理论课程是相同的，但是，活动课就千差万别。学校采取小班制和走班制教学，根据个体的生理特征和兴趣爱好有针对性地安排课程表，美国小学生的个人课程表既有相同之处，又有不同之处。每节课后，小学生根据自己的课程表去不同的教室学习，这种做法既保证了小学生基本知识的输入，又实现了小学生强项智能的锻炼，有利于小学生智力的有效提升，并且，有利于激发学生的学习兴趣和动力，让小学生在快乐中实现个体的发展。这对我国素质教育的改革和探索有重要的借鉴意义。

在小学生能力的培养过程中，除去先天智能的影响，最重要的就是知识的积累和提升。雄厚的知识基础是个体进行解决实际问题的源泉，个体的生活和学习都离不开对知识的提取和运用。从个体来到这个世界上的那一刻，他就在不断学习，通过对周围事物的观察和感知以及家人、朋友的教导。首先学会语言，有了语言这种交流工具之后，小学生开始通过课本知识、实践活动过程中获得的知识经验去探索周围的世界，可以说，小学生发展的每一步都离不开知识的运用和积累。因此，小学阶段的教育我们要重视小学生知识的输入，但是这种输入不是填鸭式的灌输，而是根据小学生的生理、心理特点以及生活、生产的需要，选取贴近小学生生活、帮助小学生探索发现自然、满足个体发展的教学内容。

当然，排除健全的先天智能，个体后天的知识积累等因素外，个体感悟生活和实践探索的经验对能力的发展也不可缺少。农村的小学生在学习农作物方面的知识时，知识的接受程度远远优于城市的小学生；城市的小学生在科技电子等方面的知识学习时，知识的接受程度也远远优于农村的小学生。最大原因是他们各自的生活环境和个人阅历不同，农村的小学生可以无限地接近农田和自然界，近距离地接触农作物，因此，学习这方面的知识得心应手。而城市的小学生从小接触电脑等高科技物品，眼界开阔，知识结构丰富，在相应的能力方面强于农村的小学生。因此，后天的生活环境对小学生能力的提高十分重要。小学生经验的积累除了家庭、社会等的作用，还通过学校的活动课程和竞赛等教学形式获得。小学生通过活动，不仅可以增强自我的交流沟通能力、思维能力、创造能力、动手能力等，锻炼其言语—语言智能、人际交往智能、数理—逻辑等各项智能，提高自我的智力水平，还会通过大量的活动课程验证所学知识的科学性与正确性，增加经验的积累，从整体上提升个体的综合能力和综合素质。简言之，小学教育就是在个体先天的智能的基础上，通过向小学生输入科学文化等理论基础知识，拓展学生知识容量的广度和深度，不断加强后天的锻炼，提高个体的智力和能力。每个人都可以在后天的学习中不断进步，提升自我智力，将个人能力提升到更高的水平。

总之，小学阶段作为全面发展的最佳时期，探索欲望较强的时期，更要充分地把握住。学校、家庭和社会要恰到好处地向他们灌输基本知识和技能，引导其正确地发展，提升他们的综合能力，为以后的个人综合能力的发展打下坚实的基础。还要通过活动提升自身智能的能力。这就需要学校、家长和社会三位一体，有针对性地合理安排小学生对所需知识的接触机会，通过不断亲身实践和耳濡目染，提高个体的知识和智力水平，增强整体的综合能力。当然，我们以上提到的都是小学生全面发展的外在客观因素。我们还可以帮助小学生树立坚定全面的发展观，刺激其主观能动性，实现个体的全面发展以及个人能力的提升。

**四 结语**

能力是一种合力，主要是由智能、知识、经验等因素构成，其中，智能又是智力的实体表现。智能、智力和能力三者的关系微妙复杂，探索清楚三者的关系和三者具体所指代的事物对今后素质教育研究有重要的意义。本章从加德纳教授多元智能理论的角度出发，对智力、能力和智力进行了新的探讨，并对三者的定义做出明确的规定和阐释，提出多条如何帮助儿童获得能力的建议，对研究儿童全面发展尤其是小学生的全面发展都有重要的意义。

# 第二部分　实践篇

# 第六章　新课程改革的内容、意义及问题

新课程改革要求全面贯彻党的教育方针，全面推进素质教育。其基本理念关注学生发展，产生的新理念是新的课程观，管理落脚点是三级课程管理，目标是培养"四有新人"，最终目的是推进素质教育。课程是实现教学目的最重要的途径和手段，它集中体现和反映了教育的思想和观念，是素质教育的核心部分。新课程改革主要包括目标理念、课程标准、课程结构、评价管理等方面的改革以及教材的改革这几个大的方面。不论改革的内容有多复杂，其最终目的就是推进素质教育，促进学生全面发展，提高全民族素质，增强我国综合国力。

## 第一节　新课程改革的背景

新课程改革是人们根据当今社会发展的趋势所做出的反应。我国教育发展史的事实表明社会政治、经济体制的发展变革以及生产、生活方式的重大改变，都将引发学校教育的重大变革。因此，课程改革不是盲目产生的，而是有其产生的原因和条件。

### 一　新课程改革的背景

我国是一个历史悠久的文明古国，是人类文明史上不可替代的组成部分。在古代，我国教育事业就有自身独特的发展特点，完全也是取决于当时强盛的政治经济发展水平。近代，我国遭受西方列强的侵略，政治经济都受到摧残，教育事业作为政治经济的反映更是得不到发展。但是随着我国社会的发展，综合国力的增强，教育事业也得到迅猛发展。不仅如此，当今社会，已经把教育和人才作为衡量一个国家综合国力的关键因素，科学技术、经济和政治的发展都与教育事业的发展息息相关。所以，我国的新课程改革势在必行。

刚刚过去的20世纪被人们称作教育改革的世纪，是因为政治经济体制、生产生活方式的重大发展和变化。信息时代的到来，为社会的发展提供了机遇与挑战，我们巧妙地抓住这次历史变革就能够尽快地缩小自己与发达国家的差距，实现民族复兴。

我国是一个发展中国家，也是一个科技文化水平较低的人口大国，要想增强综合国力，关键是提高国民整体素质。此外，我国能否抓住信息时代这一机遇实现民族复兴、国家富强，国家人才的多少十分重要，因此，教育起着至关重要的作用。新课程改革，不仅是对当代中国政治经济快速发展的反映，更是促进人的全面发展，实现中华民族伟大复兴，全面提高综合国力的需求。

### 二 以往课程模式存在的弊端

在没有实行新课程改革之前，我国课程模式和教育现状与时代发展的要求和进程存在巨大偏差。第一，以知识和学科为本位的基本问题没有根本性地转变，素质教育只作为一种形式存在，并未落到实处；学科体系比较陈旧，没有得到及时更新，缺乏时代特色；课程结构比较单一，缺乏创新性和趣味性，脱离学生生活和实践的轨道。第二，学习内容枯燥，容易使学生缺乏兴趣，学习方法上过于死记硬背，没有探索精神，为了取得高分，忽视综合素质和实践能力的培养。第三，我国的社会得到突飞猛进的发展，综合国力明显提升，现在需要的是具有高度科学文化素养和人文素养的人，是全面且自由发展个性的个体，而非刻板陈旧的读书人。因此，旧的课程体制已经不再适应现代科技人才的培养。

## 第二节 新课程改革的理念

### 一 新课程改革的核心理念

我们倡导的新课程理念，是以马克思关于人的全面发展学说为基础的。该观点认为，要以"每个人的全面自由发展"为教学的基本形式，而新课程的开发价值在于通过促进每个个体的发展来推动经济和社会发展。其核心理念是以"学生"为中心，一切为了每一位学生的发展。从这一理念看出每一个学生都是一个独立的个体，具有其自身的独特性，每个人都有全面发展的权利和价值。①

新课程改革重在培养学生收集和整理信息的能力，发现问题、思考问题、分析问题以及解决问题的能力，终身学习和探索创新的能力，自身生存和发展的能力；同时，培养学生良好的个性品质，提升自身道德修养。我们不仅要充分地挖掘教学中各种道德因素，还要积极引导学生的道德表现和道德发展，使教学过程成为学生的一种人生体验。

新课程改革面向的是每一位学生。在课程改革实施中，必须面向全体同学，把握每一位学生的优势和兴趣点，努力开发其发展潜能，培养其特长，使每一个学生的兴趣爱好和产出得以发挥和展现；不得拘泥于单一的科学文化知识培养，让全体学生走上不同的发展和成才之路，使社会发展中的每一领域都有才可用，把全体学生推向不同层次、不同方向、不同领域。

新课程改革是关注全面发展。学生的个体性和独特性使他们的发展不可能朝着同样的方向发展，因此我们不能把考试成绩作为衡量每一位学生的价值和标准。新课程改革要求我们所关注的是整个人的全面发展，而不是仅作为学习科学文化知识的机器。我们要把知识和技能，过程与方法，情感、态度、价值观三个维度与学生全面发展相融合，真正落到实处。

**二　新课程改革的基本内容**

（一）学生方面

新课程改革要求学生拥有自己的学习方法，主动积极探索，勇于创新、团结友爱，和同学一起探究结论，而不是仅仅听从老师的固定答案，死记硬背。一个人把知识转化为行为习惯并体现出个人的高尚品质践行于生活实践，知识才能体现出属于个人存在的价值，才能展现出个人的文明教养。一个具有广博、深远文明教养的人，所具有的创新力和影响力是无法估量的。

现代社会是信息时代和科技时代融合型的社会，所谓的全面发展是人的各方面在原有生理智能基础之上的能力发展。不仅仅重视人的全面发展，还要重视人的个性发展，个性发展就是说要具有更高要求的专业知识和专业特长，既全面发展又个性突出的人才能在竞争中取得优势，才能更

---

① 周波：《新课程文化建设的核心：课程价值观的认同与转换》，《贵州教育学院学报》2009年第2期。

好地为社会服务。

新课程改革强调个性发展，这就对于自我表达提出了相关要求，也是自我提高的一个途径。只要能对社会有所贡献，只要自己具有某种能力，就应该大胆表现自我，展示自我，让自己的能力得到体现，提高自信心。因此，我们在自我发展中，要学会运用恰当的方式方法表现自身优势。

延伸的能力也是就自我发展而言的，就是不断扩大自己活动领域，并让自己能够成功地做好每种角色，这是适应社会，发展自己，能够延续生存的基本能力。

（二）教师方面

教学观念的转变。传统的教学方式是老师讲学生听，这样不利于学生的全面发展，教出的学生无法适应竞争日益激烈的时代步伐。因此，如何"创设有利于引导学生主动学习的课程实施环境，提高学生自主学习、合作交流以及分析和解决问题的能力"，如何满足不同发展潜能学生的不同需求，给予学生自由选择的空间，实现学生的全面发展和个性提高是新课程改革的重要任务。

提高合作意识。新课程对教师备课的要求更高，备课的重点不是备内容，而是备学生、备方法、备重点与难点，围绕学生来备课，就需要通过教师间的合作和交流，这样能解决很多实际问题。因此，在新课程改革下，老师之间要提高合作意识，通过合作，更好地解决问题，更好地服务于学生。

新课程改革对教师的教学技能和知识积累提出更高的要求，教师不仅要构建自己的特色教案，还要积极与学生合作，不要把自己定位在统治者的角色，更不能把学生定位在服从者的角色。在新课改开放式的教学中，尊重学生的个性需求，关心国家乃至世界上的发展成果，努力创设平等交往、共同发展的互动教学的师生关系，构建新型的师生关系。

（三）评价学生的标准

新课改对评价学生的标准做出新的要求，注重评价过程中不仅要关注学生的学习结果，也要关注学生学习的过程以及情感、行为等方面的发展变化结果，对学生的评价标准要多元、多样，防止单一片面的评价体系。教师作为教学活动的参与者、组织者，对学生进行评价时必须将结果与过程有机结合起来，不能单一地追求最终教学结果，即使学生在一方面有进步的表现，也应肯定他的学习是成功的。为此，要全方位地关注每一个学生的学习过程，为教师全面公正地评价学生提供可靠的依据。在评价时，应注重形式的多样化，通过对学生行为变化和发展状况的观察，帮助学生做好反思评价工作，启迪学生思维，促进其全面发展。

（四）教学资源的创新

新课程改革和建构主义理论的基本内容要求学生依靠充足、多样的媒体资源来支持自我的学习，通过积极主动探索来构建自己完整的知识体系和提高自己的基本素养。"没有最好的媒体，只有最适用的媒体。"[1] 任何一种多媒体资源都有自己的长处，也会伴随着或多或少的不足，因此，在具体的教学实践工作中，只要是能够帮助学习和丰富自我知识结构、提高个体综合能力的资源，都应该收入到教学媒体的范畴中来，比如包含有语言、书本文字、图片、录音、录像、电影和电子计算机媒体资源等，或包含了实验探究体验性素材，或包含前人的生活经验、社会阅历等。多媒体教学在新课程改革下的运用，充分体现了其创新理念。

## 第三节 新课程改革的主要措施

**一 建立相关机构，制订相关方案，确保新课程改革有章可循**

对新课程的目的意义、目标与内容、实施与管理等方面应做明确的规定。各教研组结合各学科实际，制订新课程改革实施计划，做到目标明确、任务具体、思路清晰、措施具体可行，确保课程改革工作的顺利进行。

**二 切实贯彻新课程改革理念，以促进学生全面发展为重点**

在具体教学目标的实现方面，不再关注学生理论知识的掌握和熟练程度，转而重视学生自我的学习态度和各种能力的养成，尤其是学会学习的能力、解决问题的能力，以及个体内在的道德修养。在学习方式上，强调学生积极主动地接受学习，勤于动手，改变被动填鸭式的学习方式。在实际教学工作中，提倡以学生为主体，教师为辅导，采取探究式学习的方式，关注学生个体特征的发展和学习需求，注重培养学生的自主性和独立性。总之，教师和学校具体的工作实施安排方面要切实贯彻新课程改革的

---

[1] http://club.topsage.com/thread-1038114-1-1.html, 2010-04-24.

素质教育理念，促进学生的全面发展。

### 三　转变教师思维，提升教师整体素质，提高实施新课程能力

每一项课程改革，都是以教育思想的转变为基础。新课程改革应实现我国中小学课程从学科、知识本位向关注每一个学生全面发展的历史性转变。为了确保新课程改革的实施，首先应转变教师教学思维，在校内不断组织教师进一步学习新课标，展开讨论，解放教师思想，改变教师教法，强化新课改新理念。让所有老师意识到本次新课程改革，步伐之大，进度之快，难度之大。新课程改革是时代发展的需求，是我国政治、经济发展的需求，也是进一步推行素质教育的需求。

教师要为人师表，教书育人，努力提高师德修养和教学水平，提高课堂教学效率和质量。教师对学生在学习中的问题要热情解答和指导，但不得收取费用或变相收取费用对学生进行补课。学校将积极实施课程教材改革、减轻学生过重课业负担纳入教师考核范围，并将考核结果作为教师受聘任教、晋升工资、实施奖惩的依据。

### 四　进行课程实施的教研指导，营造良好教研氛围，努力提高课堂教学质量

努力加强教研活动，形成校本研究制度。课程改革的主渠道是课堂，而课程实施的有效载体是教研。只有在实践中不断进行反思、吸取教训、总结经验，经过理论到实践，再从理论到实践，才能形成合理的教学格局。学校应该多举行一些教研活动，及时研究解决新课程改革下教学中出现的难点、热点问题。教研活动形式应是多样的，可以集体备课，或开讲座，或听课评课，或相互交流经验，或相互探讨教材教法。每一学期围绕新课改，每人上研讨课，备课组集体评议，共同研讨改进办法。在教研活动中，注重营造一种轻松愉悦的氛围，构筑一个积极参与的情境，鼓励广大教师大胆发表自己的意见。教师应举一些鲜活、贴近现实生活的课例和示范，为教学提供借鉴，加强教师课程意识，促进了课堂教学质量的提高。

### 五　紧抓新课程改革中教学课题的研究，促进新课程改革不断深化

学校在实施新课程改革教学工作中，应该加大科研力度，加深科研方向，确保新课程改革取得有特色、有价值、有意义的成果，制定新课程改革的相关奖励制度。各学科的教师根据实际情况，选择或自行确立一个研究课题开展研究工作。

教师要运用现代化的教学技术辅助教学，由独立地以传授知识为主转变为以全面培养学生的综合能力为主，充分体现以教师为主导，以学生为主体的教学模式。重在激发学生的学习兴趣，增强课堂教学效果，加强学生的课堂参与，同时也体现新课程改革的基本精神和理念。

### 六 注重宣传新课程改革理念，创设良好氛围，潜移默化推动改革

我们在实施新课程的过程中，不仅需要教师的转变，同时需要学生和家长的配合。只有家长认识和理解新课程改革的理念和精神，才能确保改革顺利进行。因此，必须十分重视广泛宣传，发动家长一起帮助和促进学生的全面发展，在家庭和学校共同为创造全面发展意识和机会。通过召开家长会、家长讲座、家长学校等方式加大宣传力度，取得家长的理解与支持，鼓励家长为实施新课程提供建议，让家长参与课程实施活动。与此同时，利用学校广播、宣传栏等宣传基地宣传课程改革理念、精神、信息、动态、效果等，推动良好的改革氛围的形成。

### 七 加强特色课程改革建设，推动教师队伍跨越式发展

以往的课程理念忽视了学校是教育主体，容易把学校当作工厂，把教师用作生产工具，把教育产品固定统一标准，把复杂的教育情境进行简单设置，忽视具体的教育对象。这就导致了学校教育被动地执行着国家课程计划，却忽略了打造学校自身特色。新课程改革要求我们重新定位学校、确立学校作用，从以往的教育工厂功能转向关注学生的全面发展，转变为教师发展的场所，造就师生共同成长、共同发展、共同进步的精神家园。我们相信，拥有自身特色的学校和具有教师发展功能才是学校的本质。在此基础上，始终把现代教育技术作为发展教育的制高点，始终紧抓现代教育技术作为学校的办学特色，以新课程改革为契机，进一步提高学校的总体办学水平，打造良好的科研氛围，推动教师队伍的跨越式发展，提高教育教学的整体质量。

### 八 轻负减压，推进素质教育，加快新课程改革的进程

第一，正确的人才观、质量观和教育观是教师必备的观念，同时遵循教育教学规律，针对青少年独特身心特点，全面落实课程教材改革的总体要求。学校严格按照课程标准进行指导和检查，不以学生成绩作为评价教师的唯一标准。

第二，全体教师要面向全体学生，全面执行国家课程计划，全面安排好学生的学习活动和发展活动，校长具体负责实施减轻学生过重的课业负

担工作。开展多种形式的课外活动和实践活动，丰富学生学习生活，发掘学生潜力，推动全面发展。

## 第四节 新课程改革的现状及问题

新课程改革自提出之日也经过了一段时期，在这一段时期，新课程改革不断推进和发展，教育理念内涵不断丰富，教育教学工作者也逐渐投入到新课程改革的工作中去，已取得一定成效。但是，任一改革都是循序渐进，经历漫长过程的，教育改革也不例外。因此，在新课程改革过程中，仍会存在许多问题，需要我们积极面对和解决。

### 一 新课程改革取得初步成效

首先，广大教育工作者的教学理念发生了一定变化。教育工作者能够深刻意识到新课程改革实验的重要性，新课程改革理念已深入人心，成为共识；对新课程实验的推进能够科学而冷静地认识，在实施中能够具备辩证分析的能力，顾全大局，以关注学生全面发展为核心，结合实际情况，完成教学任务。

其次，教师的教学方式、学生的学习方式日益发展变化。教师上课已经不再是单纯的口头讲授和单一讲解课本内容，也不仅仅以学生单方面的学习成绩来评价学生；学生也不是单纯听教师讲解，只会死读书，而是积极参加课堂活动和实践活动，发展自己兴趣爱好，提升自身综合素质。

最后，许多学校已经形成自己的个性化教学模式，探索出一条行之有效的教研之路。新课程改革一经提出，许多学校就积极响应，践行新理念，发展自己本校独特的教育教学模式，以学生为中心，探索新课程发展之路，并取得一定成效；学校与学校、教师与教师之间开放式教学，合作意识提升，互相取长补短，加强教研工作，为学生全面发展提供了更大的空间。

### 二 新课程改革存在的问题

（一）小组合作学习流于形式

大多数学校都开设小组合作学习的活动课程，但是，部分教师在实际课堂教学中流于形式，缺乏实质性的教学工作。比如学生小组讨论的话题无实际意义；实际思考的问题很少；学生的积极性不高；讨论时间不足等。设置合作学习的目的是促进学生不同的思想交流融合，用群体的智慧解决个体难以解决的问题。如果缺乏独立思考的过程，学生之间的合作就缺乏意义，而没有充足时间的保证，学生的探究就无法深入，合作难以实现预期效果。总之，教师流于形式的教学工作不利于学生思维的养成和发展。

（二）过于追求教学的情境化

新课程改革要求下，部分教师为了追求教学情境化、创设情境教学的理念，过于重视教学过程中的情境设置。事实证明，教师辛辛苦苦创造的环境氛围并未达到理想的教学效果，有些甚至适得其反。虽然强调情境，但不能抛弃教材的教学思路，不能忽视学生的个性特征和心理特点，教师要根据教学内容和学生个体的差异进行因材施教，同时，情境的创设要带有时代的气息，并且形式多种多样，激发学生的学习兴趣和爱好。

（三）教师在课堂上很难把握讲的"度"

新课程改革要求在课堂上要讲练适度，老师不要讲得过多，但是，这一要求所体现的适度很难把握。老师不敢讲太多，怕学生自主学习的时间不够，又怕讲太少学生不能理解，如今很多老师将"少讲"或"不讲"作为教学原则。在具体听课中发现，有些老师无法准确把握自己应该讲授的内容，还担心成为填鸭式教学而故意让学生自己探索，这样就会造成浪费时间，使课堂缺乏活力。

（四）教师专业素养有待提高

第一，一些教师缺乏新课程改革的意识，思想保守落后，不能适应新课程教学的变化；第二，由于社会发展和时代变迁，某些教师年龄较长虽然经验丰富，但知识储备存在老化和断代现象；第三，某些教师缺乏扎实的知识功底和深厚的学识修养，与新课程改革的高要求相差甚远；第四，新课程倡导的教学方式、学习方法以及三维目标，教师在实际教学中没有很好地体现和落实。

（五）科学实践、技能课程所占比例不合理

全面发展进行得如火如荼，可是在具体实践实施方面仍存在较大的问题。比如，小学对活动课程的不重视，或者流于形式，仍旧按照传统教学模式进行教学，教师灌输为主；即使设置了大比例的活动课程，可是，偏向于艺术、合唱等类别的课程，并由音乐、美术教师负责课程并未远离传统音、体、美教学；有些学校设置了科学、社会、自然、艺术、音乐等方面的课程，但是活动课程内容不够深入，无法满足学生当前阶段自我发展和智力发展的需求；有些部分学校课程设置形式单一，无法满足学生的选择，不利于学生的全面发展和个性选择，学校对全面发展的理解存在误区。

各小学素质教育探索已经有所小成，但是各部分学校都或多或少存在各种问题，新课程改革仍需改善和提高。在当今教学形式的改革下，新课程改革的最终目标是为了提高学生的全面发展，实现中华民族公民整体素质的提高，以便增强我国的综合国力。总之，新课改所要达到的全面发展是当今发展的大趋势下必然选择，需要我们积极地提倡和拥护，共同为中华民族的伟大振兴而努力。

# 第七章　我国部分小学教育现状及全面发展实况

前面章节已经详细介绍了国内外教育家有关全面发展的理论以及从不同的角度分析儿童全面发展的重要性，并且对新课改全面发展的相关要求做了详尽论述。本章属于本书实践探究部分的内容，将从我国纵向维度的部分代表地区抽取优秀小学的代表，对其小学课程设置进行描述，分析其课程特色，并对每个地区学校新课程改革存在的问题进行简单的分析，为我国素质教育改革和探索提供借鉴和参考。此外，本章还将国内外民办与公办各小学全面发展进行对比分析，为之后创新教育模式和理论创新提供参考和理论基础。

## 第一节　北京市某公办小学教育现状及特色

### 一　学校简介

北京市某公办小学拥有五个校区，主要分布于北京西城区，拥有资深的师资队伍，先进的办学理念，办学设施精良，是北京百年重点名校之一。该小学根据"双主体育人"的办学宗旨，秉承"以爱育爱"的办学理念，通过不断的教育改革措施，形成学校、家庭、社会多方教育合力，共同为促进儿童的健康成长而努力。

该校把德育作为学校办学思路的核心，通过形式多样的活动，打造高素质的小学生人才。除了设置语、数、外等理论课程外，还设置了体育、舞蹈、音乐、美术、外教、阅读等活动课程培养学生的才艺发展。此外，还设置了体育活动、心理健康等活动课程促进学生身心健康的发展。该校以"双主体育人"为特色，在轻松、愉快、和谐的氛围中，通过"以学论教"等方式实施全面的素质教育。同时，该校在悠久的教育探索与实践中形成"以爱育爱"的特色校园文化,构建了适合学生学习的教育基地,使学生能够在全面发展的基础上实现个性的提升。①

**二 课程设置**

该校的课程设置比例图如图7-1所示:

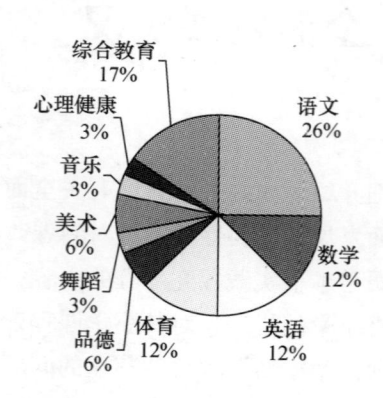

**图7-1 北京市某公办小学的课程设置比例图**

该校每年级平时课时量为32节,每周二下午为公休时间,每天最后一节为综合教育课程,还开设了语文自习、数学自习、阅读等理论为主的教育实践课。通过图7-1,我们可以发现总体课程设置中语、数、外理论课所占比例为50%,活动课所占比例为50%。课程设置具体表现在以下几个方面:

第一,理论课和活动课各占一半,可见学校对活动课的重视,而且活动课较传统课增设了阅读、舞蹈、心理健康等课程项目。在传统课培养学生艺术审美能力,陶冶学生性情的基础上,又重视儿童心理的健康发展。

第二,该校理论课程中的语文课是其他理论课的2倍,表明该校对学生语言能力的培养与养成的重视,而且该校活动课也不仅仅倾向于体、美等艺术欣赏课,还注重其他方面的发展,反映了该校对学生全面优秀素质的重视和对个体语言能力发展的偏爱。

第三,该校体育课的设置和数学、英语持平,表明学校重视学生健康

---

① http://www.bjsyex.cn/,2015-05-20.

体质和气魄的养成，学校不仅教授学生知识，还重视学生身心健康的发展，较好地贯彻了素质教育理论。

### 三 办学特点

该小学根据自己的办学理念和目标，开设展现自我学校风采，促进学生全面发展的课程。其具有以下特色：

第一，该校改变传统理论课为重的教学模式，增加了活动课的比重，为儿童提供轻松、愉快的学习氛围。而且，所设活动课不再仅仅局限于体、美等课程，还增设了舞蹈、心理健康、品德教育等。此外，该校增设了外教课，有利于培养学生的交流能力，同时帮助小学生早日树立中外友好交流的观念，传播和谐发展的理念。

第二，课程设置一般上午为理论课居多，下午活动课多，有效地考虑到了儿童上午精神充足，理论知识的教授效果好；下午儿童精力减退，适宜进行形式多样的活动课。体现了学校在安排教学计划时充分考虑了儿童的生理特点和个性特征，符合素质教育的新理念。

该校虽大力开发新的活动课程项目，但是仅仅设置了心理健康、舞蹈等身心发展的课程，尚未涉及天文、地理、自然、社会等方面的知识，活动课的开发仍有待完善和提升，可以根据儿童的生理心理阶段特点，分阶段开设不同的活动课程。

此外，该校也涉及传统文化课程的设置，忽视了对儿童国学知识的灌输，不利于中华民族传统文化的传播和发展，长期发展易形成断层教育。总之，该校对素质教育理念的领悟和理解出现偏差，具体设施的贯彻仍属于探索阶段，总体水平仍有待提高。

## 第二节 青岛市某公办小学教育现状及特色

### 一 学校简介

青岛市某公办小学拥有雄厚的师资团队，省级规范化的教学设施，经历百年积淀，被誉为最优秀的小学。该小学秉承"团结文明、尊师爱生"的校风，根据改革实现创新、求发展，实施差异教育，让小学生个性得以发展。

该校经历了百年风雨，拥有优秀的校风和深厚的文化传统，根据新课改的要求,进行全面课程改革,从一年级开始就开设英语、计算机、书法等课程,同时安排学生参与"两级循环活动课程",保证学生的个性发展。此外,举办读书节、健身节、游戏节、科技节等活动,为学生提供展示自我的平台。该校以"活动育人"为特色,积极引导学生在各种活动中学会做人、学习、生活等,塑造健全的人格。以培养学生成为"健康之人、亲情之人、自信之人、会学习之人、善创新之人"为目标,通过亲情教育宣扬中华传统美德中的孝道、师道,培养学生尊师、敬老、爱人的道德规范,促进学生在全面发展的基础上,实现个性发展,建立健全人格。①

## 二 课程设置

青岛市某公办小学课程设置比例如图 7-2 所示:

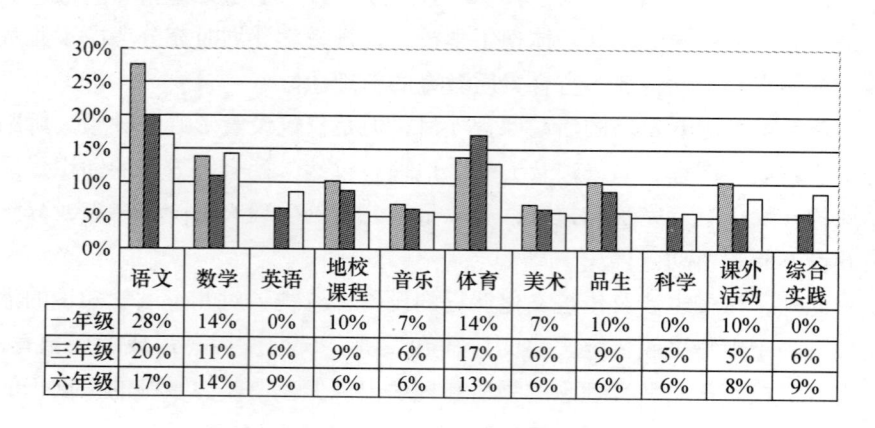

| | 语文 | 数学 | 英语 | 地校课程 | 音乐 | 体育 | 美术 | 品生 | 科学 | 课外活动 | 综合实践 |
|---|---|---|---|---|---|---|---|---|---|---|---|
| 一年级 | 28% | 14% | 0% | 10% | 7% | 14% | 7% | 10% | 0% | 10% | 0% |
| 三年级 | 20% | 11% | 6% | 9% | 6% | 17% | 6% | 9% | 5% | 5% | 6% |
| 六年级 | 17% | 14% | 9% | 6% | 6% | 13% | 6% | 6% | 6% | 8% | 9% |

图 7-2 青岛市某公办小学课程设置比例图

该校每天六课时,加一节课外活动课或探究实践课,低年级每周三和周五公休,整体来说,随着年级的增高,课时量增多。通过图 7-2 我们可以发现:理论课低于总体课程的 40%,其余为美、音、体等基础实践课。课程设置具体表现为:

第一,低年级的理论课时最多,达到 41.4%,随着年级的增高,语文课时减少,数学、英语课时增多,但所占比重是逐渐减少的,体能课程

---

① http://www.ssy.qdedu.net/index.aspx, 2015-05-21.

和理论课程安排规律一致，其余音、体、美基本活动课程课时量保持不变，但增设了科学、地校课程等活动课程，总课时量增加。

第二，低年级未设置英语课。随后英语课时量增加，但也少于数学课，最多仅3课时。学校的地校课程包含英语、海洋教育、信息、安全教育、环境教育、传统文化等多项科目，体能也安排了形体、跆拳道、五子棋、国际象棋、乒乓球、击剑、轮滑游泳、橄榄球等多种课程项目。

第三，学校将数学、英语安排在上午，语文课全天都有设置，活动课上下午交叉进行。

### 三 课程特色

在百年的风雨中，该校积淀了浓厚的优秀文化传统，设置了丰富多彩的地校体育课程，帮助学生全面发展、塑造自我个性。其具有以下特色：

第一，理论课时所占总课时量最少，有利于保证学生足够的理论知识灌输，又拥有大量的活动时间，在培养扎实理论知识的基础上，培养个体的兴趣爱好，发展个体的个性。

第二，地校课程内容丰富、形式多样，从科技、环境、安全、传统文化等角度出发，保证了课程的趣味性和吸引力，有利于激发儿童的学习兴趣与动力。体育课程涵盖形体、棋类、武术等项目，不仅帮助学生锻炼身体，也有利于帮助学生树立正确的体育精神、竞技精神以及个体运动素质的修养。

第三，学校除了设置音、体、美、品、生等基本活动课程外又开设了地校、课本活动、科学、综合实践等活动项目，丰富了学生的活动游戏类别，有利于培养学生的综合素质的发展，课程多样化，又有利于学生寻找自己的兴趣爱好，发展个体的个性，增强强项智能。

虽然该校的课程遵循了素质教育的路线，减少理论课时，增设大量丰富的活动课时。但是，科学类课时仅占5.7%，天文地理、健康等课程尚未涉及，不利于科技创新能力的提升。理论科目的减少，不利于学生理性思维、逻辑数理能力的培养。而且，该校虽设了传统文化课程，但是对学习方法的重视不够，不利于文化内涵修养的养成。总之，该校积极进行改革，实行素质教育，立足于促进学生的发展，但是在课程设置方面仍有较大的不科学性和不合理性。

## 第三节 沈阳市某公办小学教育现状及特色

### 一 学校简介

沈阳市某公办小学经过60余年的发展,已成为规模较大的综合性名校,拥有科学的师资队伍结构,功能完备的教学设施,是沈阳市社会满意度高的重点小学。该小学秉承"办孩子喜欢的学校,做滋养幸福的教育"的办学理念,创建绿色校园文化,有针对性地构建特色教育,让小学生得以全面发展。

该校继承老一辈的办学传统,又开创了"英雄主义的德育教育"、"重在实践的科技创新教育"、"全员参与的艺体教育"三大教育特色,实施素质教育,该校除了设置理论课外,还开设了音、体、美、思想品德教育,坚持理论与实践相结合的办学特色,积极引导学生在各种活动中学会做人、学习、生活等,塑造健全的人格。此外,学校开设了合唱、民乐、船模等科技、艺术课程,培养学生的个性特点,培养特长人才。实行"校长负责"管理学校的全面工作的开展,积极进行德育为主,课堂教学为中心,活动为辅,快乐教学的教学改革,全面实施素质教育。[①]

### 二 课程设置

沈阳市某公办小学课程设置比例如图7-3所示:

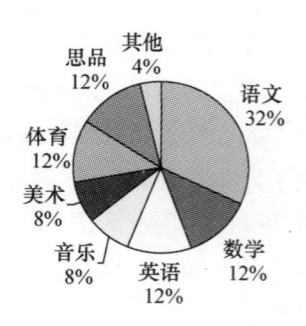

图7-3 沈阳市某公办小学课程设置比例图

---

① http://www.syxunwang.com/index/index.aspx,2015-05-21.

通过图 7-3 我们可以发现：该校理论设置所占比例接近 60%，而活动课的比例为 40% 左右，学校积极开展素质教育，课程设置具体表现为以下几个方面：

第一，学校总体设置 35 节课，但是下午一般只安排一两节课，其余为学生自动参加的各种活动课程，而且理论课都安排到上午，下午安排思想品德、音乐、美术、自习等课程。

第二，教学课安排为第一节课，语文课总课时是数学课总课时的 2 倍，英语课时量减少，语言课总体课时量多，远多于数理逻辑课时量。

第三，除了设置音、体、美等基本活动课程外，又开设了军乐、合唱、船模、电脑机器人等科技、艺术、体育课程，使活动课程科学化。

### 三 课程特色

学校以德育为主，进行快乐学习，愉快教学的模式，以课堂教学为主，活动课程为辅的形式，开展素质教育，主要有以下特色：

第一，将理化课程安排在上午，尤其是将数学课安排在第一节，充分考虑到了数学课的难度等级和儿童个体心理因素之间的关系，早晨儿童大脑思维清晰，理解和接受能力处于最佳期，使数学课教学能够取得最佳的教学效果。下午安排为活动课，考虑到儿童下午精力不如上午充沛，不适合理论课教学。

第二，学校开设军乐、电脑机器人等特色科技、艺术、体育等活动课程，用以发展学生的个性品质和特长。理论课程只是保证知识的学习，各种形式活动课实现学生寻找自己的兴趣爱好，实现个性发展，开办特色教学。

第三，该校语言类课程的设置多于数学课程设置，表明了该校对语言抽象思维的重视，此外，学校又举办了科技、体育等活动课，使小学生的活动课程科学化，有利于学生展现自我个性。

该校以英雄主义、科技创新、艺术体育为特色支撑，全力开展素质教育，实行课程改革，促进学生全面发展和个性品质的养成。在继承老一辈优良传统的基础上进行改革，形成高品质的教学特色，引领思潮。虽然增设了电脑机器人等科技课程，但是未涉及国学、科学、自然、社会等课程知识，阻碍学生的国学传统文化的发展。而且，英雄主义的教育模式容易养成学生"尚武"的观念，与和平发展观相悖。总体来说，该校素质教育改革贯彻了国家课程改革的要求，课程设置独具特色，但尚不成熟，仍需继续探索。

## 第四节 天津市某公办小学教育现状及特色

### 一 学校简介

天津市某公办小学拥有一支富于进取、改革的师资队伍，先进的教学设施，艺术教育的办学特色，是天津三A级的小学。该小学依据"全面贯彻教育方针，促进学生全面发展，对学生全面负责，全面提高学生的素质"的办学宗旨，全面实施素质教育，让小学生实现最佳发展。

该校秉承新课改的理念，实施素质教育改革，除设置语、数、外等理论课程外，还设置了音乐、美术、体育、品生、习字、天世、发探等活动课程，同时保证学生每天一小时的体育活动时间。此外，通过每月举行小型体育竞赛、参与国际交流项目等活动，保证学生个体的发展。该校以"提高质量，减轻负担，整体优化，和谐育人"为特色，积极引导学生在各种活动中学会做人、学习、生活等，塑造健全的人格。积极进行学校的整体优化，创造良好的校园环境和优秀的学风，培养人格健全的学生，促进学生优秀人格的养成。①

### 二 课程设置

天津市某公办小学课程设置比例如图7-4所示：

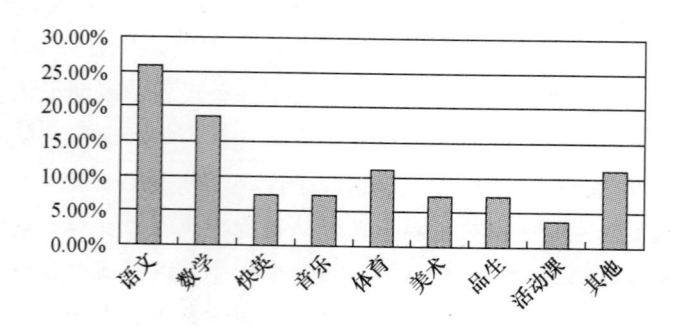

图7-4 天津市某公办小学课程设置比例图

---

① http://30690.wangxiao.30edu.com/，2015-05-22.

该校课程随着年级的增高而逐渐增多，从一、二年级的 27 课时，至三、四年级的 31 课时，课时量明显地增多。全校每周二下午公休，每天下午的课程设置基本都是活动课，理论课都安置到上午前几节。具体课程设置表现为以下几个方面：

第一，通过图 7-4 我们可以发现：该校低年级理论课多至 52%，活动课占 48%；高年级理论课不足 42%，活动课达 58% 以上，而且理论课不仅课时所占比例降低，其总课时随着年级的增多而逐渐减少。

第二，该校语文课课时达到英语课的 2—3 倍，而且语文课远多于数学课，即在理论课设置中，该校也更注重语文的教学。对活动课的设置也是逐年增多，并且科目也越来越丰富，在音体美的课程设置基础上，增设品生、天世、发掘、习字等课程，形式更加丰富。

第三，理论课安排为前 2—3 节，其余时间安排为活动课，每天都有不同形式的多种活动课的学习。

### 三 学校特色

该小学根据自己的办学理念和特色，全面实施素质教育，体现了以下办学特色：

第一，该校低年级理论课设置得多，而且多为语文课，活动课设置低于理论课，而且只是以音乐、体育、美术为主；高年级理论课减少，总课时降低，活动课大幅上升，而且形式更加丰富。该校的课程设置具有特色，在保证理论课的基础上，开设形式丰富多样的活动课，丰富学生的各项知识，提高其智能、增强能力，遵循了儿童个性发展规律的原则，体现素质教育的特色。

第二，该校语文课时遥遥领先，表明学校对小学生语文表达能力、人际沟通等能力的重视。打破传统课时注重理论灌输的僵硬模式，办学更加灵活多样。活动课随着儿童年龄的增长，心理机制和多智能更加成熟。而增设天世、习字、科学等科学类的课程，表明学校对培养儿童科技创新、研究能力的重视，响应科技兴国的号召，培养儿童的科技兴趣，为儿童以后的科技创新打下基础。

第三，每天下午学生都进行活动课，考虑到了儿童的年龄、心理特征等因素。该校的课程设置从儿童的角度出发，以儿童为中心，又为提高儿童的智能、智力、能力服务。

总之，该校课程设置极具特色，除了传统的语文、数学、外语、音乐、体育、美术等课程外，还增设科学、习字、品生等形式多样的活动课，表明学校对培养儿童多项智能的重视，注重儿童整体能力的提升，体现了素质教育和全面发展，值得其他学校借鉴。但是，该校的活动课设置偏向科技培养，忽视了多数儿童个体的兴趣爱好；对学生的美术欣赏、天文等知识的传输尚未涉及，只是注重科技培养，忽视了个体审美水平、道德修养等情感的养成。学校虽然注重语文教学，设置了写字课，但是对围棋、戏曲等传统国学课尚未涉及，体现了学校课程设置的漏洞。此外，该校在低年级设置更多的理论课，儿童的学习压力过重，不利于其学习兴趣的养成，打击学生的活动积极性。该校开设的各种科技课值得我们借鉴，但是我们要注意到国学思想等方面的重要性，实施素质教育时，以此为鉴，进一步提高办学水平。

## 第五节　上海市某公办小学教育现状及特色

### 一　学校简介

上海市某公办小学是一所集教育、科研为一体的中小学十年一贯制中、小学校，拥有精良的学识丰富、高水平的师资队伍，现代化的教学设施，是上海教育部直属重点学校。该小学以德育为指导，重点培养创新科研能力和实践活动能力，根据小学生生理和心理发展的特点，实施素质教育，让小学生得以健康、全面发展。

该校实行家庭、社会、学校三位一体的联合办学模式，通过"专家治学"、"智能教学"、"小班化教学"、"选科学分制"等创新形式，注重儿童早期智能的开发、学生个性的发展、自我创新能力和精神的养成，致力于实现学生16岁进入大学学习，20岁以后进入个人创造发明的黄金期。该校实施小班教学、选课制，方便儿童在全面发展的基础上，根据自己的兴趣爱好，实现个性的培养。①

### 二　课程设置

上海市某公办小学课程设置比例如图7-5所示。

---

① http://shy.hpe.sh.cn/CN/main/default.aspx，2015-05-22.

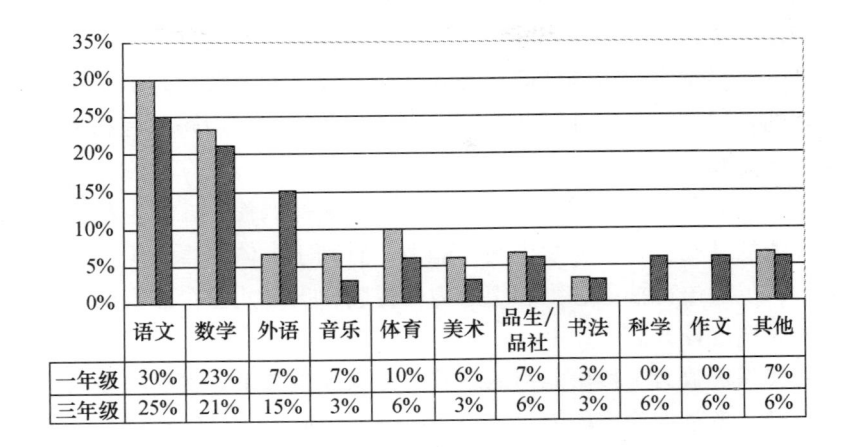

## 第七章　我国部分小学教育现状及全面发展实况

| | 语文 | 数学 | 外语 | 音乐 | 体育 | 美术 | 品生/品社 | 书法 | 科学 | 作文 | 其他 |
|---|---|---|---|---|---|---|---|---|---|---|---|
| 一年级 | 30% | 23% | 7% | 7% | 10% | 6% | 7% | 3% | 0% | 0% | 7% |
| 三年级 | 25% | 21% | 15% | 3% | 6% | 3% | 6% | 3% | 6% | 6% | 6% |

图 7-5　上海市某公办小学课程设置比例图

该校根据自己的教学模式进行课程创新改革，实行现代化教学；采取选课制等形式，实行素质教育。年级总课时量均在 30 节课左右，高年级课程较多，安排 33 节课左右。通过图 7-5 我们可以发现：理论课平均占 60% 左右，活动课占 40% 左右，全校每个年级的理论课所占比重大致相同。课程设置大致表现在以下几个方面：

第一，该校十年一贯制办学模式将总课时量的 60% 安排为理论课，保证学生理论知识的培养，其余安排为活动课，如音、体、美、书法、科学等，增加学生实践活动机会。在学生理论课设置方面，学校更重视语文课的教学，并且在活动课设置方面，也增设了大量书法、作文等语文课的相关课程，体现该校对语文课程的重视。

第二，书法、作文、品生等活动课程的设置，注重培养学生的品德修养，陶冶学生的性情。在活动课程中，尚未设置科学、地理、天文、国学等类别的课程，形式较单一。

### 三　课程特色

该校集教育教学于一体，重视学生理论知识的学习，但也留出足够的实践课时间，保证学生的实践活动，有利于儿童的发展，具体有以下特色：

第一，学校设置足够儿童的理论课为科研能力的培养奠定基础，致力于实现学校让学生 16 岁进入大学，20 岁进入科研创造黄金期的教育目标。而且，活动课的设置也是为了培养学生音、体、美的审美能力和书法、劳动等个人素质养成，其都是辅助科研创造更好地进行。

第二，科学类课程到了高年级才开始开设，充分考虑到了儿童智能生理心理的发展规律，保证了儿童对知识的有效接收和理解，有利于其科研意识的建立和能力的提升。

第三，随着年级的增高，学校开设了作文等课程，在学生掌握了一定语言技能的基础上，培养学生写作能力，有利于个体语言组织和表达能力的提升，以及语言抽象思维和想象力的提高，促进儿童个体言语——语言智能的大幅度提升。

该校积极致力于科研能力的培养，注重理论知识的贯通，活动课也是为了提升儿童某种素质能力，最终为科研能力服务，这种教研模式符合我国现代科技兴国战略的号召。但是，未考虑到儿童发展所需知识和能力的多样性，未注重学生全面综合素质的提升，课程设置有失偏颇。因此，我们在借鉴其优秀经验的同时要警醒其弊端，创建更合理、科学的现代化教学模式。

## 第六节 杭州市某公办小学教育现状及特色

### 一 学校简介

杭州市某公办小学拥有百年的建校历史，是省级示范学校。该学校一直是杭州市与国际进行交流的平台，办学多年一直好评不断。学校为了满足学生和家庭对高质量教育的渴求，实现教育公平，将原来的一个校区扩展至三个校区、城市和农村两个共同体，实现农村和城市的共同进步和发展。

该校秉承"现代化、国际化、个性化"的办学目标，充分利用现代教育技术，不断探求学校教育发展途径，成为浙江省创新教育实验学校。学校除了语文、数学等基础理论课外，还增设了器乐、舞蹈、棋类、武术、主持等百余项活动内容，每年开展科技节、劳动节、读书节等众多校园文化活动，还与国外多个学校建立合作伙伴关系。该小学致力于建设儿童个性化教育的方式，让儿童做真正的儿童，让学校成为学生快乐成长、发展的沃土。[①]

## 二 课程设置

杭州市某公办小学课程设置比例图如图7-6所示:

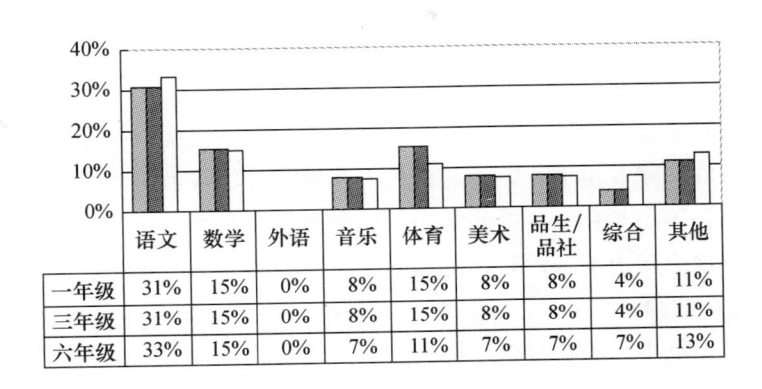

| | 语文 | 数学 | 外语 | 音乐 | 体育 | 美术 | 品生/品社 | 综合 | 其他 |
|---|---|---|---|---|---|---|---|---|---|
| 一年级 | 31% | 15% | 0% | 8% | 15% | 8% | 8% | 4% | 11% |
| 三年级 | 31% | 15% | 0% | 8% | 15% | 8% | 8% | 4% | 11% |
| 六年级 | 33% | 15% | 0% | 7% | 11% | 7% | 7% | 7% | 13% |

**图7-6 杭州市某公办小学课程设置比例图**

该学校每个年级总体课时量不足30节课,其中语文、数学等理论课12节左右,音乐、体育、美术等活动课16节左右。通过图7-6我们可以发现:该校理论课时量大约占总课时量的46%,活动课大约占总课时量的54%。课程设置内容具体表现在以下几个方面:

第一,该小学每个年级的总课时量大致相同,理论课课时量少于活动课的课时量。在活动课程方面,除了音乐、美术、体育等传统活动课程外,还增设了舞蹈、器乐、书法、棋类、武术、主持、工艺等特色活动课程,保证了学生活动形式的多样和可选性。

第二,该校每天上下午均为三节课,只有周五的第七节安排为少先队活动课,将尽可能多的课余时间留给学生寻找适合自己的兴趣爱好。少先队活动课目的在于向小学生讲解中国特色社会主义核心价值观,帮助学生树立正确的价值理念。

第三,该校每天理论课和活动课交织进行,共同构成了该校的素质教育课表。此外,还开设了科技节、读书节、数学节等校园文化节日,为学生提供展现自我的机会。该校传统文化课程、艺术类课程、科技类课程等

---

① http://www.hzxjxx.com/website/guide.action?schoolId=1,2015-05-22.

均有涉及，没有涉及学生社会公益活动的参加。

### 三 学校特色

该小学根据自己的办校理念和目标，构建儿童个性化教学模式，努力让儿童做最真实的自己，让儿童在快乐中学习。该校的课程设置具有以下特色：

第一，该小学特色活动课程设置形式丰富多样，让学生拥有足够多的时间和空间发展个性。小学是儿童智力和能力全面发展的关进时期，在科学、合理的课程安排下，能将此阶段内儿童的各项智力得到最大限度的提高。此外，该小学打破传统教学中每周只开设少量活动课的教学模式，在保证儿童理论知识输入的基础上，通过大量的活动课程促进学生全面发展，促进儿童个性特征的发展。该校课程的设置完美阐释了寓教于乐的理念。

第二，该小学还经常举办各类校园文化活动，为学生提供了施展才能的平台，积极培养学生的能力，提高学生的自信心。学校通过理论知识的传授培养学生的意识，又通过丰富的实践活动将大脑内部的理论知识具体化，将个体内部的感情深化，把教授的理论知识转化为潜意识的具体行为，即养成个人能力。

第三，该学校虽然秉承个性教学的办学目标，让学生们在游戏中不断学习、成长，开心地学习。特色活动课程形式丰富，涉及范围广泛，为学生的个性选择提供广阔的空间。学校虽开设中国特色社会主义价值观的教学，但只是流于形式，没有为学生提供具体参加社会公益活动的机会。

在整个小学阶段，学校对课程的安排忽视了儿童心理、生理机制发展的趋势，没有对课程内容的难易程度做出等级划分，违背儿童循序渐进发展的历程，儿童生理、心理机制的发展趋势没有得到足够的重视。此外，家长在教学过程中是独立地存在，对教学没有产生太大的影响，没有将家庭教育与学校教育有机地结合起来。总之，该校全面发展观的理念和形式丰富多样的活动课程值得我们借鉴，但是仍需进一步完善。

## 第七节 合肥市某公办小学教育现状及特色

### 一 学校简介

合肥市某公办小学经历 70 余年的办学经历，教学体制最终确定为九年一贯制的学校,拥有优秀的师资,完备的教学设施,是安徽省特色示范学校。该小学根据"启迪心灵,明亮人生"的办学理念,将培养儿童健全人格为教学目标,实施高质量、有特色的教学,实现小学生的全面发展。

该校进行全面课程改革,将德育与心理健康教育有机结合起来,形成"艺体教育"、"养成良好习惯教育"的教育特色。除了理论课程的设置外,还设置了音、体、美、诵读、广播等课程,保证学生理论知识的学习外,同时也可发展个性,实现全面发展。此外,学校开设了陶艺、乒乓球、中外交流等特色活动课程,积极引导学生建立健全人格,实现全面发展。①

### 二 课程设置

合肥市某公办小学课程设置比例如图7-7所示:

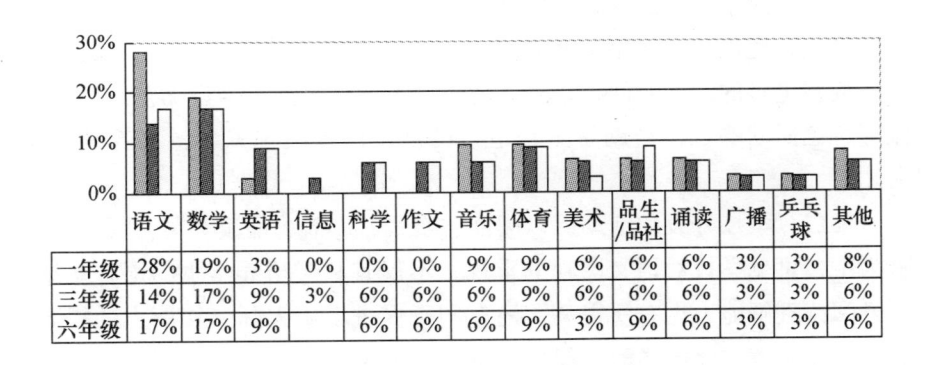

|  | 语文 | 数学 | 英语 | 信息 | 科学 | 作文 | 音乐 | 体育 | 美术 | 品生/品社 | 诵读 | 广播 | 乒乓球 | 其他 |
|---|---|---|---|---|---|---|---|---|---|---|---|---|---|---|
| 一年级 | 28% | 19% | 3% | 0% | 0% | 0% | 9% | 9% | 6% | 6% | 6% | 3% | 3% | 8% |
| 三年级 | 14% | 17% | 9% | 3% | 6% | 6% | 6% | 9% | 6% | 6% | 6% | 3% | 3% | 6% |
| 六年级 | 17% | 17% | 9% |  | 6% | 6% | 6% | 9% | 3% | 9% | 6% | 3% | 3% | 6% |

**图7-7 合肥市某公办小学课程设置比例图**

该学校一贯秉承自己的教学理念,积极进行课程改革,发展素质教育。值得说明的是,其每两个年级课时安排相同,故图7-7为一、三、六年级。通过图7-7我们可以发现:学校总体课时量随着年级的增高而增加,活动课的种类也逐渐增多,低年级和高年级的理论课比例在40%以上,中年级的理论课时量不足38%,活动课时量高于55%,甚至达到62%。具体安排如下:

第一,理论课所占比重较少,留下充足的活动课程时间,方便儿童寻

---

① http://www.hsfx.com.cn/, 2015-05-24.

找自我的兴趣爱好与个性特征。活动课除了音、体、美等基础课外，还设置了唱游、作文、信息、科学、品生。诵读等语言、科技、文学类活动课程，丰富了活动课的形式。

第二，写字课贯穿整个小学课程的始终，体育锻炼课程也紧紧抓牢，阅读、诵读、广播等课程贯穿全年级。此外，逐渐增加了作文、信息，科学课程，增强科技类教学。

第三，理论课大致安排在上午进行，数学课基本安排在前两节课进行，保证数学课的教学效果。英语课程是随年级增长而增加，循序渐进地进行。并且，该校的总课时量和具体课程安排每两个年级相同，分为三个阶段，随着年级的增加逐渐增加课时量和加深活动课程的难度。

## 三 学校特色

该校秉承九年一贯制办学模式，以培养儿童健全人格为教学目标，积极进行课程改革，形成有特色的教学方式。具有以下特色：

第一，理论课少于活动课的安排，在保证学生理论知识学习的基础上，拥有更多的活动时间，培养兴趣爱好，发展个性。增设陶艺、中外交流等特色活动课程，帮助学生塑造自己健全的人格与素养，培养高素质人才。

第二，学校开设的活动课以阅读、实践、广播、诵读等语文相关的课程为主，可见学校对语文课程的重视，不仅有利于培养学生的语言思维，而且阅读理解能力也有所提高，还有利于促进学生人际交往能力的提高。改变现今儿童交流的局面，促进人与人之间的交流沟通。

第三，数学课安排为前两节为主，学校课程安排时充分考虑到了学生的精神活动规律，有利于取得最优质的教学效果。并且，该校根据儿童不断发展、成熟的心理和生理特征来安排课程。每两个年级改变一次课时量和具体课程的安排，体现了学校对学生心理成熟规律的重视和尊重，教学顺应发展规律进行，逐渐加深理论知识学习的广度和深度，以及不断加强学生实践操作能力的强度，争取打造高质量、高效果的教学模式。

该校设置多种形式的活动课，有利于学生的个性发展和兴趣爱好的培养，理论和活动课程同时进行，有利于实现学生的全面发展。但是，该校活动课以语文类课程为主，对科技、计算机、自然、心理健康、农林等课程知识尚未涉及。尤其是国学方面知识的缺失，不利于学生继承中华民族的优秀传统文化，不利于学生全面科学地发展。学校活动课程形势较单一，不利于帮助学生找到最适合的个性特征，其素质教育课程设置任重道远。

## 第八节 南京市某公办小学教育现状及特色

### 一 学校简介

南京市某公办小学拥有优秀的师资，完备的教学设施，是江苏省重点学校。该小学秉承"快乐教学，塑造人格健全、自主创新的小主人"的办学理念，根据小学生生理和心理发展的特点，培育创新型人才。

该校积极进行课程改革，实行创新的教学模式，争取建设成为高质量、展个性、求创新的学校。理论课和活动课结合教学，致力于小学生的全面素质发展。此外，举办"叽里呱啦英语节"、"排球月"等特色活动，培养学生的兴趣和才能。该校以"小主人教育"、"快乐教学"为特色，积极引导学生成为学习的小主人、生活的小主人以及集体的小主人，坚定素质教育的观念以培养学生健康人格为目标，积极实现学生的全面发展和个性发展。[1]

### 二 课程设置

南京市某公办小学课程设置比例如图7-8所示：

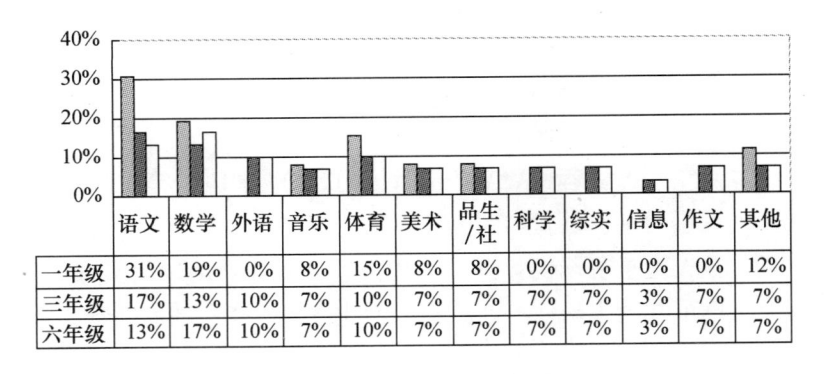

| | 语文 | 数学 | 外语 | 音乐 | 体育 | 美术 | 品生/社 | 科学 | 综实 | 信息 | 作文 | 其他 |
|---|---|---|---|---|---|---|---|---|---|---|---|---|
| 一年级 | 31% | 19% | 0% | 8% | 15% | 8% | 8% | 0% | 0% | 0% | 0% | 12% |
| 三年级 | 17% | 13% | 10% | 7% | 10% | 7% | 7% | 7% | 7% | 3% | 7% | 7% |
| 六年级 | 13% | 17% | 10% | 7% | 10% | 7% | 7% | 7% | 7% | 3% | 7% | 7% |

图7-8 南京市某公办小学课程设置比例图

---

[1] http://fcyxx.nje.cn/, 2015-05-24.

通过图7-8我们可以发现：该校总课时都随着年级的增高而增多，但理论课时所占比例都从50%降至40%。全校周三第6节课为队会，低年级第6节课为休息，高年级安排了课程。具体课程表现为：

第一，学校设置了语、数、外理论课，理论课时量是逐渐减少，从50%的比例减少至40%，而且低年级未设置英语课。学校活动课的项目安排是逐渐增多，形式更加丰富。低年级的活动课只开设了音、体、美等基本活动课程，到高年级增设科学、综合、信息、作文课、体育课有所增加。

第二，该校课程理论课安排在上午，下午尽量全安排为活动课，增强学生的实践活动能力，每天理论和活动课交织进行，共同构成了该校的素质教育课表，此外，还开设了"叽里呱啦读英语"等活动，丰富学生的课余生活。

### 三　学校特色

学校秉承自我办学理念，紧追素质教育的步伐，建设特学教学。主要具有以下课程办学特色：

第一，低年级未设置英语，高年级才开始安排，而且低年级总课时少，活动课类型少，只设了音、体、美基本活动课，表明学校在课程设置方面充分考虑到了儿童的生理心理特征，使课程设置更加规范、科学。并且使儿童能够在轻负的环境中快乐学习，轻松生活。

第二，到高年级之后，学生的生理心理特征较成熟以后，个体接受能力、领悟能力增强，开始加设科学、作文、计算机课，培养学生的科学知识积累与语言写作能力的提高。这种课程设置的方式有利于儿童理性思维和创新能力的培养，提高其分析和解决问题的能力。循序渐进地学会生活，学会学习，成为新时代的人才。

第三，除了一般课程的设置，还举办了"排球月"等学校活动，保证了儿童的课余活动，课堂和课余两条线同时进行，帮助儿童在实践中进步与发展。该校还重视现代教育技术的作用，充分利用现代多媒体技术，增强课堂教学形式的生动性与活泼性，创建适合儿童心理的课堂氛围，增强教学效果。

该校的课程紧随素质教育的要求减少理论课程，增加活动课程，促进理论知识的学习与实践理论的提升。但是该校在活动课设置中缺乏多样性，内容形式单一，虽有科学课，但其他学科未曾设置，不利于理性思维和分析问题能力的提升,而且活动未涉及文化传统、人文地理等课程,不利于中华优秀传统的继承与发展,不利于中华博大精深文化的继承与发扬,总之,该校课程秉承素质教育的理念,创建的课程项目有利于综合素质的培养,但是,形式缺乏多样与丰富性,不利于学生个性的培养,学校在课程改革中仍有待提高。

## 第九节 成都市某公办小学教育现状及特色

### 一 学校简介

成都市某公办小学建校 70 余年,拥有丰厚的文化底蕴,高素质的师资团队,现代化的教学设施。该小学坚持愉快办学,建设舒适的校园环境,实行"艺术教育"、"现代化教育技术的应用"、"环保教育"的办学特色。

该校坚持教育改革,积极进行愉快教学的实践探索,形成独特的校园个性特色。同时,学校施行"趣、实、精、活"的教学模式,致力于培养理论知识功底深厚、各方面素质全面发展的全能型优秀毕业生。此外,学校还提供大量的活动时间,安排形体课、心心语、陶艺、跆拳道等课程,保证学生拥有健康的体魄、扎实的理论基础和各具特色的个性发展。学校在全面提升学习质量的基础上,丰富学生的课余生活。[①]

### 二 课程设置

成都市某公办小学课程设置比例如图 7-9 所示。

成都市某公办小学总课时量为 32 节左右,通过图 7-9 我们可以发现:其中语、数、外理论课占 50% 以上,活动课不足 50%,活动课开设多种新型课程,提高学生审美、情感的修养。具体表现在以下几个方面:

第一,理论课超过 50%,其中语文课时量多于数学、外语课时量;活动课不足 50%,其中,音、体、美基本活动课时量占 22% 左右,其余增加陶艺、形体、跆拳道等活动课程,课程形式多样。

第二,每天上午安排大量理论课,下午尽量安排为活动课程,并分别有课间锻炼和午休时间,保证学生劳逸结合。

---

① http://www.ljlxx.com/ljlxx/,2015-05-25.

第三，理论学习、活动课程、课余活动三条线同时发展，还安排了社团活动，全面提升教学质量，丰富学生的课上、课下生活。

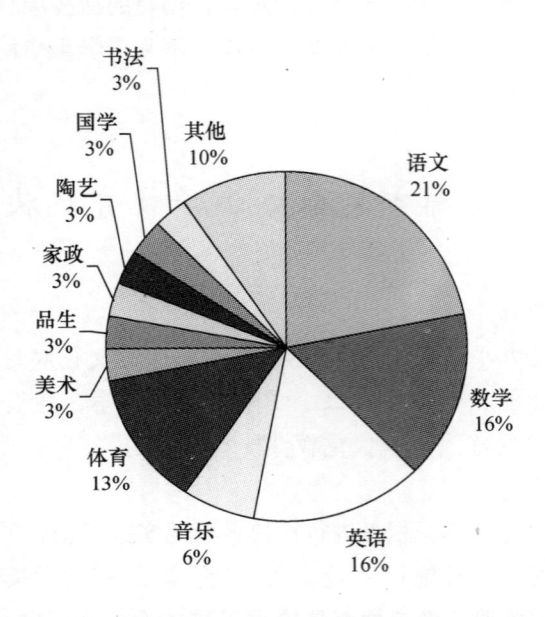

图 7-9　成都市某公办小学课程设置比例图

### 三　学校特色

学校拥有丰富的文化底蕴，创建了舒适愉快的校园环境，致力于达到全面、高质量的教学效果，具有以下特色：

第一，学生上午学习理论，下午进行课外活动，充分考虑到了儿童的生理特征需要以及精神状态。儿童上午精神饱满，适宜进行理论课学习，下午精神状态不如上午好，适合活动课授课，这种课程设置有利于取得较好的教学效果。午休和课间锻炼则能让儿童学习疲惫时，进行适当的放松与休息，劳逸结合，体育锻炼保证身体健康。

第二，除音乐、体育、美术、品生等基本活动课外，还开设了家政、陶艺、国学、书法、形体、跆拳道等活动课程，有利于培养学生独立生活的自理能力、提升审美修养、陶冶情操以及养成健全的体魄。保证学生能够健康快乐地学习雄厚的理论知识，促进学生全面素质的提升以及个性特征的养成与发展，在快乐的环境中，实现素质教育。

第三，课上课下结合安排，形成独特的学校教育，悠久的办学历史，大量的国学文化课程设置，培养具有深厚文化底蕴的学生，有利于实现中华文化传统的继承与发展，培养优秀品德的毕业生。

总之，该校独具特色的文化教学，有利于培养深厚知识功底的优秀品质、健康体魄的学生。但是，学校忽视了科学、天文、心理健康、自然等方面的设置，不利于学生理性思维、数理逻辑能力的培养，不利于学生养成良好分析和解决问题的能力。其素质教育模式在国学、传统文化方面的设置值得我们学习，其理性课程的设置仍有较大程度的改变，否则不利于学习质量的全面提升。

## 第十节　昆明市某公办小学教育现状及特色

### 一　学校简介

昆明市某公办小学积极运用现代化教育技术，开展多项国家科研课题，开辟科研教改的道路。该校拥有资深的师资队伍，先进的办学理念，精良的办学设施，是云南省一级示范学校。该小学根据"培养创新精神，塑造完美人格"的办学宗旨，秉承先进的办学理念，通过不断的改革措施，形成学校、家庭、社会多方教育合力，共同为促进儿童的全面发展而努力。

该校全面贯彻党的方针政策，将更多的时间还给学生，打造综合素质的小学生人才。除了设置语、数、外等理论课程外，还设置了计算机、艺术、劳动等活动课程，以促进学生的才艺发展。此外，还设置了体育活动、思品等活动课程，以促进学生身心的健康发展。该校以爱的教育、人才竞争为特色，在愉快、竞争、和谐的氛围中实施全面的素质教育。同时，该校积极构建丰富多彩的教育活动，创建适合学生学习的课程和校园环境。[1]

### 二　课程设置

昆明市某公办小学课程设置比例如图 7-10 所示：

---

[1] http://kunming025188.11467.com/，2015-05-25.

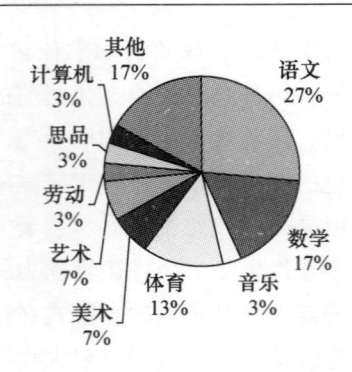

图 7-10　昆明市某公办小学课程设置比例图

该校总体课时量平均每年级 32 节，除语文、数学理论课程外，还开设了艺术、思品、体育活动、计算机等活动实践课，低年级每天最后一节未开任何课程，只有周五设置了班队。通过图 7-10 我们可以发现：语文、数学理论课占 44%，活动课占 56%。课程设置具体表现在以下几个方面：

第一，理论课和活动课比重各占一半，可见活动课在该校的重要程度，而且活动课较传统课增设了艺术、计算机等特色活动课程。在传统课培养学生艺术审美能力、陶冶学生性情、锻炼健康体魄的基础上，又重视提升儿童的计算机运用能力。

第二，该校理论课程中的语文课是其他理论课的 1.5 倍，表明该校对学生语言能力培养的重视。而且该校活动课也不仅仅倾向于音、体、美等艺术欣赏课，还开设了艺术、劳动课程，反映了该校对学生综合素质和个体性情的重视，对培养个体审美情操的偏爱。

第三，该校体育、劳动课程的设置和数学持平，表明学校不仅教授学生理论知识，还重视学生身心的健康发展，较好地贯彻了素质教育理论。

### 三　办学特色

该校根据自己学校的宗旨，开设形式多样的特色课程，促进学生综合素质的提升。具有以下特色：

第一，该校改变传统理论课为主的教学模式，增加了活动课的比重，为学生提供快乐、舒适的学习环境。而且，所设活动课不再仅仅局限于音、体、美等课程，还增设了艺术、计算机、劳动等活动课程。此外，该校还为低年级的学生留下更多的空余时间。学校的种种措施有利于增强学生健康体魄、自理能力的养成，塑造积极健康的世界观、人生观、价值观。

第二，学校将理论课中的数学课安排在上午前两节，下午活动课较多，有效地考虑到了学生上、下午精力的特点，有利于达到较佳数学课的教学效果。

该校虽大力开发新的活动课程，积极践行素质教育的理念，但是仅仅设置了艺术、计算机等陶冶情操、培养科技能力的课程，尚未涉及农林、科技、自然等方面的知识。活动课的开发仍有待完善和提升，学校可以根据儿童自身的特点，分阶段开设不同的活动课程。

此外，该校也忽视了对学生国学知识的灌输，不利于培养具有中国文化特色的新一代学生，总之，该校对素质教育理念的践行尚不科学，具体措施的实行仍属于探究阶段，整体素质教育水平有待提高。

## 第十一节 北京市某民办小学教育现状及特色

### 一 学校简介

北京市某民办小学是一所全日制园林式寄宿学校，学校重在激发学生的学习力、创造力，在最少的学时中实现最佳的学习效果。寄宿学校的住宿安排重在培养学生尽快地学会生活、学会自理，尽早地形成独立能力。而且，学校注重培养学习力、创造力、精神力、社交力、生存力、实践力六种素质能力，帮助学生全面提升自我能力。

该校坚持"德育为主，体育为先"的原则，顺应学生的天性，响应社会对人才需求的号召，建立"完整"的教育，致力于提高学生的智力、创造力。此外，该校将自己的办学理念落到实处，开设世界风俗、花道、茶道、厨艺、经典诵读等形式丰富的特色课程，并且设置青春训练营、世界儿童科学周等选修课程，课程设置丰富多彩。该校把社会、学校、家庭有机地结合起来，不仅为儿童设置特色课程，还开设了家长课程，教师和家长只是学生的引导者和支持者，学生才是教育的主体，教育致力于实现学生的自我教育、全面发展。[1]

---

[1] http://www.camford.net/, 2015-05-27.

## 二 课程设置

北京市某民办小学课程设置比例图如图 7-11 所示：

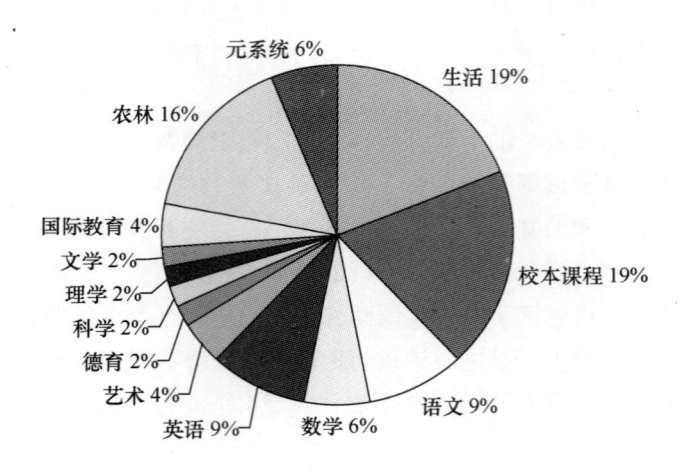

**图 7-11 北京市某民办小学课程设置比例图**

该校共设 108 门基础课程和 10 期元系统训练营课程。通过图 7-11 我们可以发现：其中，农林占 16%、语文占 9%、数学占 6%、英语占 9%，科学占 2%、艺术占 4%、德育占 2%、理学占 2%、文学占 2%、国际教育占 4%，元系统占 6%，课程形式多样，丰富多彩。除了学生课程设置外，学校还安排了家长课程，如亲子智慧、"3+2"学习力大系统等必修课程。家庭教育指导师培训、国际亲子游学营等选修课程、家长学社实践课等特色课程。

第一，该校除了语、数、外、音、体、美、科学、品德等大纲课程外，还分设理学、文学、农林、生活、艺术、德育等活动课程，形式丰富多样，在每一类课程内又开设各种下级课程，涉及国学、艺术欣赏、手工制作、生活实践、个人修养、情感教育等方面。教学内容广泛，形式多样，理论基础雄厚，具有特色。

第二，学校理论课程只占 24%，其余时间全是活动和元系统课程。而且英语和语文所占比例相同，均高出数学 50%。在所有的活动课中，科学、理学和农林占 20%，艺术、文学等文化活动占到 56%，可见理科课程少于文科课程设置。

第三，学校还设置各种训练营、夏令营等选修课程，并且分阶段进行，开始了可供选修的多门外语。

### 三 课程特色

该校根据自己的办学特色，全面培养学生的能力，开设多样化的课程，具有以下特色：

第一，该校理论课仅占24%，活动课占76%，将各种素质教育课全落到实处，在设置一定理论知识的基础上，留出更多的时间让学生进行自由实践活动，发展个人兴趣爱好，培养、发展个性。力求用30%的课程时间，学到和公共学校设置大量理论课的模式一样优秀的成绩。

第二，学校实行走班制和小班制教学模式，并且开设多门选修课供学生挑选，有利于学生发展自己的个性。而且，学生入校均需进行元系统思维测试和元力测试，为学校编写教学计划提供借鉴。学校在了解学生特点的基础上，安排课程和活动更具有针对性。

第三，活动课程除了传统的音、体、美外，还增设了各种形式的艺术教育和文学教育，有利于陶冶学生的性情，培养学生高尚的情操，天文、地理课程有利于帮助学生培养理性思维，形成科学的思考方式。家长教育不仅沟通了学校、社会和家庭，也启发家长思想，帮助家长构建新型教育意识，提高家长自我教育能力，让家长和学生实现共同发展。

第四，虽然该校课程设立了各式各样的活动课程，但是以文史类活动居多，重在品德修养。虽设立了天文、地理课程，但是仅占32%，数学课也远少于其他理论课，表明该校对理论知识和科技研究的培养没有足够的重视。虽提高了学生的品德修养，但是对科技理论重视不足，数学理论课过少，不利于儿童数理—逻辑思维的发展和理性思维的养成。

该校用30%的实践学出一样的成绩的想法，未必能够取得理想效果，这是由儿童的生理和心理特征决定的。学校将众多的农学、田园家政课教授给学生，虽弥补了远离自然的缺憾，但是忽略了实践活动的作用，仅靠理论是难以支撑的。该校对德育的重视过于偏激，对体育活动安排不足，不利于儿童身心的同步健康发展。总之，该校在素质教育实践探索的道路上具有一定成就，其对德育的重视和德育课程的安排值得我们学习，但是，重视德育而忽略了理性、天文知识的教育，忽视了我国儿童学习的优良传统，这样未必在我国能消化吸收，我们应当在借鉴优秀做法的基础上，还要进一步地改进。

# 第十二节 杭州市某民办小学教育现状及特色

## 一 学校简介

杭州市某民办小学是全国百所名校之一，拥有精良的师资队伍，先进的教学设施，是全国首家同时通过三标认证的小学。该小学根据"开发潜能，发展个性"的办学宗旨，秉承"差异教育"的办学理念，根据小学生生理和心理发展的特点，实施差异教育，让小学生个性得以发展。

该校根据新课改的要求，进行全面课程改革，从一年级开始就开设英语、计算机、书法等课程，同时安排学生参与"两级循环活动课程"，保证学生的个性发展。此外，举办读书节、健身节、游戏节、科技节等活动，为学生提供展示自我的平台。该校以"活动育人"为特色，积极引导学生在各种活动中学会做人、学习、生活等，塑造健全的人格。以培养学生成为"健康之人、亲情之人、自信之人、会学习之人、善创新之人"为培养目标，通过亲情教育宣扬中华传统美德中的孝道、师道，培养学生尊师、敬老、爱人的道德规范，促进学生在全面发展的基础上，实现个性发展，建立健全人格。[①]

## 二 课程设置

杭州市某民办小学课程设置比例如图 7-12 所示：

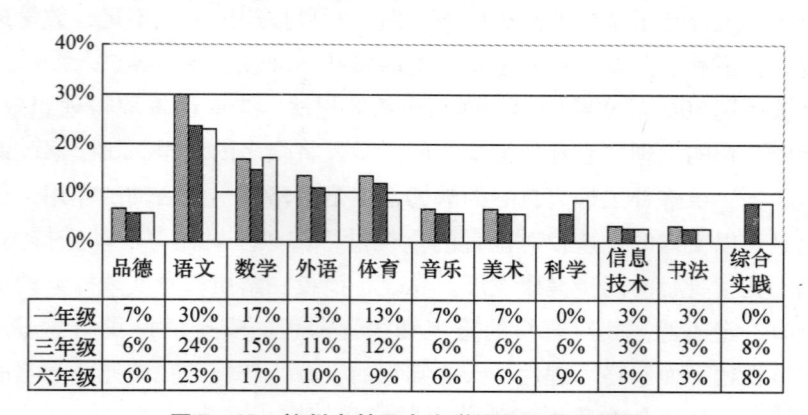

| | 品德 | 语文 | 数学 | 外语 | 体育 | 音乐 | 美术 | 科学 | 信息技术 | 书法 | 综合实践 |
|---|---|---|---|---|---|---|---|---|---|---|---|
| 一年级 | 7% | 30% | 17% | 13% | 13% | 7% | 7% | 0% | 3% | 3% | 0% |
| 三年级 | 6% | 24% | 15% | 11% | 12% | 6% | 6% | 6% | 3% | 3% | 8% |
| 六年级 | 6% | 23% | 17% | 10% | 9% | 6% | 6% | 9% | 3% | 3% | 8% |

图 7-12 杭州市某民办小学课程设置比例图

---

① http://www.houxue.com/xuexiao/61445/，2015-05-27.

通过图 7-12 我们可以发现：该学校总体课程设置每两个年级逐年增加，一、二年级均 30 节课，其中语、数、外理论课 18 节，占总课时的 60%，音、体、美等活动课 12 节，占总课时的 40%；三、四年级均 34 节课，理论课和活动课各 17 节，各占总课时的 50%；五、六年级均 35 节课，其中理论课 18 节，占总课时的 50%，活动课 17 节，占总课时的 50%。

概括来说，该校理论课占总课时的 53.5%，活动课占总课时的 46.5%。课程设置特点主要有：

第一，随着学生生理、心理机制的逐渐成熟和完善，该小学总课时随着年龄的增加而增加，对学生灌输的知识量也逐渐增加。

第二，总体来说，学校理论与活动课各占 50%，只有在一、二年级时，理论课占 60%，该校在低年级偏向理论课教学；三、四年级以后，保证足够多的理论课的基础上，增设大量的活动课。

第三，传统文化等课程的开设仍较少，活动课偏向于音、体、美等艺术类课程，自然探索、科技知识课程的安排尚未涉及。

### 三 学校特色

该小学根据自己的办校理念和宗旨，遵循激发学生潜能、实现个性发展的教学目的，开设本校课程。

第一，该小学设置大量的活动课，保证学生在习得足够的理论课的基础上，拥有足够多的时间和精力发展个性。小学生阶段是儿童全面发展的关键时期，在安排科学、合理的情况下，此时期内的儿童的各项智能都能够得到足够的提升。该小学打破一般教学中的每周只开设一两节活动课的常规模式，保证儿童理论知识学习的基础上，开设大量的活动课，用以儿童个性发展的教学。该校课程设置完善，阐释了寓教于乐的理念，学习理论扎实、玩得开心有特色。

第二，该小学还经常举办各类活动，锻炼小学生的各项技能。比如送男教师进幼儿园，让儿童体验不同性别教师的教学风采，保证儿童的学习兴趣；布置小学生保护口袋中的生鸡蛋的任务，让学生在轻松愉快的游戏氛围中，养成良好的行为习惯与个人修养，让孩子在游戏中潜意识得到引导和感悟生活；通过小学生上讲台讲课、亲子趣味运动会、小学生手拉手做朋友等活动，体会老师的艰辛与浓浓情感、感悟父母的爱与关怀、纯洁的友谊之情，感受师生情、友情和亲情，领悟人与人之间的情感关系，构建完整的自我情感世界。

第三，理论知识的教学是学校培养儿童意识层面的东西，该校通过丰富的实践活动将最原始的感情深化，把它转化为潜意识的行为。

该校虽然秉承"开发潜能、发展个性"的办学宗旨，小学生们也在游戏中不断学习、成长，开心地学习。但是，首先，该校是在保证足够的理论课的基础上，开设音、体、美等各种活动课，儿童的理论知识学习的负担仍较重，并且，传统文化等课程只开设了书法课，形式单一，传统文化博大精深，只开设书法课是远远不能满足学生个性发展需求的。该校的活动课也只是偏向于音、体、美等艺术类课程，自然探索、科技知识课程的安排尚未涉及。其次，在整个小学阶段，低年级儿童的智能尚未充分发展，应提高能力和智能的水平，该校却开设大量的理论课。三、四年级儿童接受能力提高之后，反而开设大量的活动课，忽视了儿童心理、生理机制发展的趋势。

总之，该校的全面发展观的理念值得学习，但是课程设置上仍未摆脱形式单一的局限，而且儿童生理、心理机制的发展趋势没有得到足够的重视，学校整体课程安排缺乏科学性、合理性。

## 第十三节 国内公办与民办小学生全面发展的比较分析

中国教育的历史源远流长，始于春秋战国的私学，已有几千年的历史传统，发展至今，中国的教育已有了长足的发展。学校教育中，小学阶段的教育是整个教育阶段的基石，我国的初等教育院校包括公办小学与民办小学两种，二者的主要区别是学校财政的来源。但是，二者都努力培养社会和时代所需要的新型人才，塑造健全的学生人格，培养分析、解决问题的能力。面对当今教育发展的新形势，民办小学与公办小学都积极进行课程改革，根据各自的办学特色、理念与宗旨，设置独具特色的教学课程。前文中，我们进行大量的案例分析，着重探讨学校的课程设置及其特色课程，在此，我们着重分析公办小学与民办小学课程特色的差异。

每个学校的理论课程都有差异，但是都秉承素质教育的理念，打破传统的教学模式，实行轻负减学的政策，营造轻松、愉快、舒适、和谐的学习氛围和环境，打造全新的校园文化，积极进行课程改革。无论是公办小学，还是民办小学，都在改变理论课程和音乐、体育、美术等传统活动课程的比例，增加新型活动课程的开设，增加课余活动的形式，甚至开设家长课程，打造学校、社会、家庭三位一体的教学模式。但是，在具体的设置方面，民办小学和公办小学仍有较大的差异。

### 一 理论课程设置对比

公办小学和民办小学对语文、数学、英语等课时量的安排各不相同，当然，这与每个学校的办学理念和宗旨是密不可分的，但是更多地反映出各个学校对素质教育的理解。我们经案例分析发现，公办小学大致可以划分为南方与北方两大阵营，如天津、北京、青岛等北方的公办学校，其理论课时量比例在50%左右；如成都、合肥、上海等南方的公办小学，其理论课时量比例在40%左右，甚至更低。而民办小学理论课时量有的占总课时量的30%，有的占55%，各校之间所占比例没有太大的相关性。

可见，民办小学只是根据自己对素质教育的理解安排理论课程，办学自主性较大，课时量比例没有统一的标准，反映的只是本校对学生全面发展理念的理解；公办小学按照国家教育部的方针、政策要求，根据自己学校的办学特色科学、合理安排理论课程。有些民办学校对素质教育的理解出现偏差，课程设置并不合理；有些理解正确的学校，在实际课程设置中也出现问题，当然，也有一些办学优秀的学校。总之，民办学校缺乏统一的标准来指导自己学校的办学，课程设置方面缺乏系统性、科学性和合理性。相对来讲，公办学校虽增设了较多的活动课程，但是较民办学校还是更注重理论知识的学习，保证学生知识的接受与传输，塑造知识型人才。公办学校对活动课的设置也考虑到了儿童的身心发展特点，并且，设置的活动类型也是对理论课的辅助，课程设置劳逸结合，更加科学、合理。

### 二 活动课程设置对比

公办小学的南方与北方两大阵营中，北方的公办学校的活动课时量占50%左右，南方的公办小学的活动课时量在60%左右，甚至更高。而民办小学活动课时量有的占总课时量的70%，有的占45%，各校之间所占比例没有太大的相似性。此外，民办学校的活动课程形式多样，不拘泥于阅读、信息、计算机等活动课程形式，增加文学类、国际教育、农林类、生活类、德育类、理学类等特色活动课程，课程结构更加丰富多样，适应小学生阶段多种兴趣的培养和各项智能的提高，以及综合能力的提升。

相对来说，公办小学的活动课一般以阅读、朗诵、合唱、作文、信息、科学等理论讲解为主，实践训练为辅的课程，它们所起的作用也多是语文、数学、英语等理论课程的辅助课程，或者说是理论课程的扩展课程。民办小学的课程设置比公办小学形式丰富，其课程结构更适合小学生阶段儿童的身心发展的特点，更加地科学、合理。

### 三 特色课程设置对比

公办小学课程设置一般包括理论课和各种形式的活动课，并且，公办小学实行走班制或者选课制教学的学校较少，在特色课程的设置方面形式不如民办小学丰富多样。民办小学课程除了理论课和课堂活动课程外，还举办家长课程、亲子课余活动、特训营等多种形式的课余活动。而且，民办学校中的住宿学校实行封闭教学，能够帮助学生在最短的时间内独立自主，培养其自理能力。总体来讲，民办学校主要以活动教学为主，让学生在活动体验中学会学习、做人、生活，尽量让学生接受完整的教育。

根据以上的分析，我们可以看出，公办小学在理论课设置方面比较科学、合理，民办小学在特色活动课程设置方面更加丰富多样，能够更好地满足儿童的需求。在当今素质教育全面发展大趋势下，各学校均积极进行课程改革，加强学生的德育教育，努力构建高质量、高素质的教学，致力于培养理论知识扎实、实践能力强、道德修养高的小学生。公办小学和民办小学在价值取向、理论修养、文化素质等方面存在差异，给教育从业者的素质教育工作提供参考，为之后教育工作更上一个新台阶提供借鉴。我们借鉴国内优秀民办学校和公办学校的素质教育方式，提出新的教育创新模式。

# 第八章　国外小学生教育现状及改革

经济全球化的发展形势，对新时期的教育提出新的要求，国内为了适应当今社会发展趋势，培养时代所需人才，构建新时代教育，积极进行课程改革。而国外教育学者积极进行教育教学研究，从"斯宾塞问题"到"阿普尔问题"，反映课程研究从技术方面逐渐深入至政治、经济、意识方面，探究课程的本质。虽然，国内外社会制度和价值观念存在差异，但是，在初等教育改革中都追求儿童的全面发展，培养高素质人才。通过对国外小学生教育改革及现状的分析，我们借鉴美国教育的优势，以弥补我国教育的不足，不断完善我国的素质教育改革。

## 第一节　国外小学生教育现状及改革

进入21世纪之后，互联网的广泛使用和全球化进程的加快，使人们之间的观念价值发生迅速的改变，教育改革的需求更加强烈。尤其是19世纪以来，国外课程系统化、制度化进程加快，学校的课程设置成为改革的主题和核心。美国目前的素质教育以尊重儿童为课程设置的核心，以开放性教学为特点，以现代化教育与传统教学相结合为发展的趋势。纵观国外基础教育发展的历程，其改革大致具有以下趋势：第一，强调学生全面、和谐、可持续的发展；第二，注重培养儿童的国际化意识和民族精神；第三，注重儿童生活能力和科技能力的培养；第四，注重对课程管理模式和评价制度的改进。

具体来说，在各国的初等教育改革中，改变传统课程注重学术理论知识灌输的教学模式，大部分关注学生的品格、情感的成长。学校开始注重地方课程和校本课程的开发，更加关注学生的学习结果和过程，重视学生对理论知识的掌握和学习、生活能力的培养，以及学生道德、情感等的养成。通过各种形式的课程改革和教学方法的改进措施,以及学校教学评价体系的改变,让学生能够最大限度地在愉快的活动中接受知识的输入,在教师的引导下学会正确的学习、学会生活、学会做人,从而提高学生的各项智能,提升智力,增强学习、生活的能力,让学生的个性得以展现和发展,得以提高个体的综合素质和能力。

从教学内容上来看,国外初等教育的教学内容没有统一的教学大纲和教学计划,一般由地方学校教育主管部门决定;从教育目的来看,国外的小学课程设置以读、写、运算等基本能力为主,同时注重儿童良好社会意识的养成,以及生活、学习能力的培养和解决实际问题能力的养成;从课程设置来看,学校所设科目主要有社会、自然、英语、数学、外语、美术和艺术等;从教学方法来看,国外更加注重教学方式的多样性,主要运用发现教学、启发式教学等,同时,充分利用幻灯片、微型计算机等现代化教学手段。

总体上来说,国外追求的是一种创造教育,即通过课堂教学、家庭熏染、社会影响的途径,帮助学生树立创造意识和精神,坚定创造的目标,发展创造性思维,学会创造的技巧和方法,从而提升个体潜在的创造能力。[①] 国外的小学生教育更加注重理论知识和文化内涵的结合,在学生基本能力知识培养的基础上,进一步注重文化"危机意识"、科技兴国思想、科学文化素养的现实需求,其所倡导的课程内容以及教学形式对我国的素质教育改革具有重要的借鉴意义。

## 第二节　国外部分小学生全面发展的案例分析

### 一　美国小学生全面发展现状

(一) 学校教学简介

美国初等教育秉承"以人为本"的教学理念,运用形式多样的教学方法授课,注重学生个性特长的培养。其学校大体具有以下特色:授课内容生动有趣、多姿多彩;在一定规则的约束下,给予学生极大的自由和尊

---

[①] 《国外中小学教育的现状分析》,http://www.360doc.com/content/11/0523/16/5079158_118819120.shtml,2011年5月23日。

重；学校设置简约朴实；课堂布置丰富多彩。

美国的小学没有统一的教材和教学计划与教学大纲、学生升学的原则和标准以及具体课程设置都是依靠各州自发组成的教育董事会决定。每个学校所使用的教材并不相同，但是小学阶段所要学习的范围都是一致的。在教材的选择方面，董事会只是推荐几个可选的出版社的教材，学校拥有很大选择教材的自由，教师选教材有很大的发言权，只要满足董事会规定的教学指南就能被教育部认可。

发达国家的基础教育设施相当完备，完全满足办学要求。美国办学模式达到学校、家庭、社区三位一体，学校资源向社区开放，学生去社区参加公益活动；家长去学校做义工和志愿者，有足够财力的家庭为学校置办教学设施或购买、捐献书籍；社区人员为孩子举办各类教育讲座。并且，美国小学教育留给儿童充分的自由，尊重儿童，注重学生日常基础知识的教学和动手实践能力的养成，致力于促进儿童全面健康发展。

(二) 课程设置

美国某小学课程设置比例如图 8-1 所示：

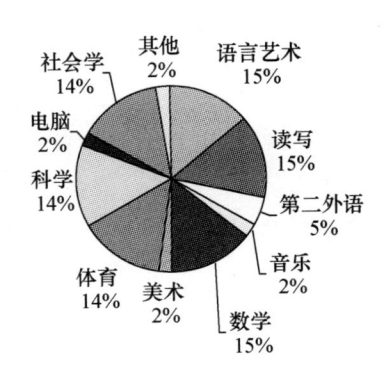

图 8-1　美国某小学课程设置比例图

美国所有小学的课程设置大致相同，此处对某小学的课程进行具体的分析。该学校每年级课时量为 42 节，每天七节课，只有星期天一天假期。每节课的课时并不相同，只有体育课是 40 分钟，其余课程都是 45 分钟。儿童每天早晨 7：45 进行点名，8：05 正式上课，上午三节课，下午四节课。上午 10：35，学生有 25 分钟的课外活动时间，中午 11：05—11：35 为午餐时间，然后 11：45 继续上下午的课程，下午 3：00 学生们结束一天的课程。通过图 8-1 我们可以发现：总体课程设置中语、数、外理论课时量占总课时量的 47.6%，活动课时量占总课时量的 52.4%。课程设置具体表现在以下几个方面：

第一，理论课的课时量少于活动课的课时量，但二者的差距不大。语言艺术课每天都有设置，但是又具体划分为阅读、拼写、语法、作文四门课程；数学、社会学、体育、科学等每天都有设置，并且上课时间基本一致。

第二，该校语言艺术、社会、数学、科学、体育等课时量相同，每周六节；音乐、美术、计算机、阅读、第二外语等课时量每周一节左右。表明该校对学生语言能力的培养、科学研究探索能力的培养和健康体质的重视。该校体育课的课时量和数学、语言艺术持平，表明学校注重学生健康体质的养成，学校不仅仅教授学生知识，还注重学生的身心健康发展。

第三，在课程内容难度安排上，小学阶段的数学教学难度远低于中国，教师不注重学生的做题数量和算题的速度，更注重教授学生把数学概念灵活应用于生活中。科学课则广泛地涉及了物理、化学、地理等方面，但是选取的内容都是小学生日常生活经常遇到的。

第四，该校每个月的月初就会将一个月的详细日程安排公布到学校年级的博客上，主要包括学校的各种重要活动、各个学科课程的考试安排。几乎每周都有 2—3 次的考试安排，每周五都会进行日常英语（Daily oral language）考试，主要测试学生的语法和词汇的应用，考试内容很难复习。数学、科学等都是按照单元的划分进行考试。

（三）课程特色

美国没有统一的教材，但是每个年级学习的范围是相同的，每个州的教育董事会制定教学指南和学生升学的标准和原则。美国小学的课程设置具有以下几方面的特色：

第一，美国小学教授知识的目的在于帮助儿童认识社会和世界，通过多种动手和动脑的实践活动，培养学生的创新、创造能力。在教育过程中，重视儿童的身体素质健康和心理健康，追求真正的儿童教育，追求儿童健康全面发展。学校保持对学生的绝对尊重，给学生充分的自由。无论是课程设置，还是校园文化活动安排，处处考虑儿童的感受，从儿童的角度进行各种活动安排。

第二，学生所有课程内容的选择都贴近学生日常生活，让学生察觉不到学习的压力，似乎是在探索身边的奥秘，激发学生的学习兴趣。并且，学生活动课的设置也以让学生动手动脑为主，而非简单地玩乐。每周安排大量的测试，时刻保持学生学习的动力和紧迫感，将学习当成一种责任，培养学生的社会责任感和荣誉感。

第三，在美国，学校、社区和家庭三位一体，共同为学生的全面发展而努力。学校的各种资源向学生开放，家长经常去学校做义工或为学校置办一些基础设施和硬件设施，社区和学校之间互相开放。此外，学校还会安排学生定期做一些社会公益事业，培养学生的社会责任感；请家长和社区执法人员对学生进行安全教育讲座，教授学生安全求生知识，养成自救的能力。美国这种三位一体的办学模式，有利于充分利用学校、社区、家庭三方的办学资源，为学生提供教材之外的更多的学习资源，让学习和社会相结合，学有所用。

虽然美国小学教育充分地尊重儿童，以儿童为中心，但是在其课程设置方面，儿童的实际压力非常大。单就每月的课程考试来说，繁多的测试数量增加学生的负担；其活动课也不是简单的快乐学习，而是目的性十分强的动手创作课；科学课注重理论知识的教学，忽视了儿童当前阶段的心理发展规律……此外，美国小学教育除了教授学生基础知识、学会生活，还注重科技创新能力的培养。其创新能力的培养是为了满足美国社会的需要，小学教育与国家政治和意识挂钩，不利于学生健全人格的培养。总之，美国的小学教育和中国的小学教育大致相同，但是各自的社会背景、民族信仰不同，导致各自的授课目标不一致，各有长短。在今后的素质教育改革中，我们可以借鉴美国教育优秀之处，进行素质教育探索，反省其不足之处，进行自我改进。

**二　韩国小学生全面发展现状**

(一) 学校教学简介

韩国的初等教育学校设置丰富多样的课程和运用形式多样的教学技巧与方法，培养学生学会独立生活、养成实践动手的能力以及保护自我安全意识的树立。

面对新课程改革的趋势，韩国也大力改变小学教育的课程，以适应当今世界和社会的发展趋势。学校大力删减理论教学的内容，增添各种特色活动课程或者课下活动，让儿童在轻松、愉快的氛围中学习知识，尽力做好儿童教育。此外,学校充分利用家庭的资源,设置家庭学习日,让家长帮助孩子进步。韩国初等教育学校通过选取贴近学生日常生活的材料作为教学内容,形式各异的活动进行儿童教育,注重培养学生的实践动手能力、培养学生独立生活和学会学习的能力,为学生以后的个性发展奠定基础。

(二)课程设置

韩国某小学课程设置比例如图8-2所示:

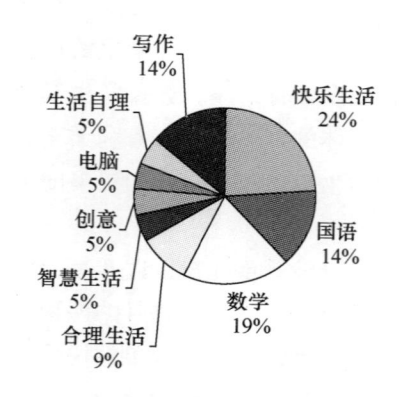

**图8-2 韩国某小学课程设置比例图**

对韩国某小学的课程进行具体分析可知,该校每年级课时量为30节,每天六节课,每天下午第五节课之后准备好校服,周六是家庭学习日,周日放假。相比中国小学生,韩国小学生的课程更让人羡慕。通过图8-2我们可以发现:总体课程设置中,国语、数学理论课课时量占总课时量的33%,活动课时量占总课时量的67%。课程设置具体表现在以下几个方面:

第一,理论课的课时量远远少于活动课的课时量。在理论课程中,比较注重数学课的教学,并且,小学阶段并未设置外语课程;学校安排大量的活动课程,主要包括快乐生活、生活自理、电脑、创意、智慧生活、合理生活、写作等。总体课程可以大致划分为学科课程、活动课程、综合课程三大类。

第二,韩国的国语课又具体地划分为阅读课和写作课;数学课根据年级分别教授加减法、乘除法等,年级越高,教学内容越复杂;虽然没有设置英语课，但是每天早晨学校会让学生听英语广播。韩国的创意课主要涉及性教育等特色课程。除此之外，学校还根据儿童的身心特点，每个年级安排不同的特色活动课程。

第三，韩国小学注重生活课教学，设置了快乐生活、智慧生活、合理生活等生活课程内容，生活课内容多样。快乐生活主要涉及学生之间相处或共同进行一些以认识自然为内容活动；智慧生活主要涉及手工制作等内容；合理生活主要涉及学生的思想品德和世界观、人生观、价值观的内容。

（三）课程特色

韩国的新课程设置具有以下几方面的特色：

第一，韩国的基础教育注重对学生日常生活知识的输入，重视培养儿童学会独立生活的能力。尤其是又将生活课具体划分为朋友之间的相处、认识自然的活动、手工制作等课程，培养学生的动手能力，教会学生处理人与人之间、人与自然之间的关系，帮助学生树立正确的爱国意识和道德责任感。其基础教育更多的是帮助学生学会生活和做人。

第二，韩国的课表不仅表明每节课程的名称、上课时间，还在每节课的下面标明本节课的重点讨论问题或者进行活动项目或者是以儿童的口吻写的一句话，这种方式有利于激发学生的学习兴趣和好奇心，激发学生对知识的探索和追求。每个年级特色活动课程的设置，充分考虑了儿童的发展规律，以儿童为中心进行教学。

第三，儿童时期是学习口语的最佳时期，儿童这个阶段语言学习能力较强，韩国学校充分考虑到了这一点，每周二、周三、周五进行英语广播，以熏陶式的教学方式，培养学生的英语口语，让英语的学习更加简单，将长期的工程分化为短期简单的目标，教学循序渐进。

第四，韩国小学还对儿童进行性教育教学，较早地对儿童灌输生理健康知识，帮助儿童正确地对待男女关系和尽早树立保护自我的观念。

此外，在小学阶段，学校就安排学生亲近自然，并且讨论环境安全问题，培养学生爱护自然、保护自然的观念。让学生从小养成爱护环境的行为习惯，环境教育从小做起。总之，韩国的初等教育注重培养学生学会生活、学会做人、学会保护环境，注重安全教育，这种教育方式对我国儿童全面发展有积极的影响。

## 三 日本小学生全面发展现状

### （一）学校教学简介

日本的初等教育以"宽松教育"为教学理念，设置丰富多样的课程和形式多样的教学技巧与方法，注重培养学生学会独立生活，养成实践观察的能力，培养学生将理性知识转化为感性认识以及掌握日常基础知识。

在新课程改革的标准下，日本强调松散的教育方式和培养学生的生存能力，大量删减教学内容。日本的初等教育目的在于给学生足够的自由想象空间，培养学生创新意识与能力和个人生存于国际社会的能力，培养学生应对当今国际竞争力，生存于国际社会的能力。这种教育目标与日本资源和能源匮乏有直接的关系，日本的生存无法远离国际社会而单独生存，其教育强调国际合作与国际化。21世纪日本课程总目标开始面向国际社会，在新课程设置中，日本更加注重综合内容的教学，注重发展学生的创造能力，培养学生的生存能力。

### （二）课程设置

日本某小学课程设置比例如图8-3所示：

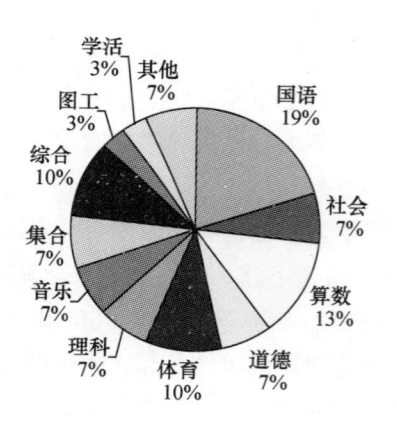

**图8-3 日本某小学课程设置比例图**

（饼图数据：国语19%、社会7%、算数13%、道德7%、体育10%、理科7%、音乐7%、集合7%、综合10%、图工3%、学活3%、其他7%）

对日本某小学的课程进行具体的分析可知，该校每年级课时量为30节，每天六节课，周一、周三、周五下午2:45就结束课程，周二、周四下午4:00结束课程，周六和周日放假。其中，"学活"指的是班级活动，班主任处理班级最近出现的问题以及对学生进行思想灌输；"集合"指所有学生到敬老院、工厂、公园等地方进行户外活动，如果没有安排户外活动，则进行班级活动。相比中国小学生，日本学生的课程更轻松些。通过图 8-3 我们可以发现：总体课程设置中语、数理论课时量占总课时量的 32%，活动课时量占总课时量的 68%。课程设置具体表现在以下几个方面：

第一，理论课的课时量远远少于活动课的课时量。在理论课程中，比较注重国语的教学；社会中大量的活动课程，主要包括图工、学活、社会、道德、综合、音乐、集合、理科、体育等。总体课程可以大致划分为学科课程、活动课程、德育课程和综合课程四大类。

第二，日本小学注重德育教育，顺应学生身心发展规律，学校在低年级设置培养学生适应学校生活和养成学生的基本生活习惯的德育内容，在中年级设置培养学生学习主动性和积极生活的态度的德育内容，在高年级设置培养学生社会责任感和社会存在感的德育内容。

（三）课程特色

日本政府为了适应 21 世纪教育体制，对课程设置进行了一系列改革，具有以下几方面的特色：

第一，日本基础教育的目的在于保证儿童学习基础知识的前提下，学会基本生活技能和创新创造能力，为以后应对国际竞争奠定基础。日本的这一教育改革方式适应日本当前全球化的发展趋势以及日本具体的国情。其面向国际化的教育模式具有概括性，在日本的各级学校均要遵循。

第二，日本课程结构的设置注重合理性和科学性，无论设置多少课程，总课时量不能超过一定的范围，以保证减轻学生的负担。学校课程包括理论知识教育、德育、选修课程、综合课程，其中综合课程的设置是根据各地区和学校实际情况安排和国际相关的课程。课程具有较大的时代性、国际化特色，满足日本社会发展的要求和国家化发展的趋势。

第三，日本初等教育注重德育，为了适应儿童的生理和心理发展的规律，学校在低年级注重培养学生适应学校生活和养成学生的基本生活习惯，中年级培养学生的主动性和积极生活的态度，高年级培养学生的社会责任感和社会存在感。日本的德育教育强调学生在实际的实践活动中感悟生活，比如通过观察、具体接触实例、参加志愿者活动等多种方式，进行感染、熏陶式的德育教学，将理论知识转化为感性认识。

日本的初等教育是一种体验性教育，解决了改革之前的许多弊病，其德育、理论知识教学、活动教学等都注重学生的亲身实践，获取感性认识。学校的活动课更是以实践为主，让学生通过与人、自然和社会的接触，体会人与人、人与社会、人与自然的关系，学会处理好三者之间的关系，建立融洽的社会。日本的课程注重调动学生的积极性和养成学生发现并解决问题的能力，这种教育方式对我国素质教育探索有借鉴意义。

## 第三节 国内外小学生全面发展的比较分析

### 一 国外小学课改的关注点

国外的教育学家们积极地进行课程研究，从形式改革逐渐涉入当今的意识层面改革，改革的重点发生较大的改变。与之前的课程改革相比，现在的课改更加尊重儿童，具有更大的开放性，充分利用现代教育技术。

首先，国外小学课程设置以儿童为中心，主要体现在校园环境的设置、课堂管理、教学方式等方面。在校园的走廊、教室墙壁等的装饰都是由儿童自己动手创造设计，学校的每一处环境、空间都有儿童的身影，学校是儿童的活动空间；多功能教室的设计方式充分考虑到了儿童的需求与心理喜好，适合小学生的身心特征，教室环境的安排更加人性化、舒适；班级管理完全依靠学生自己进行，让学生成为班级的主人；教学效果的评价以促进儿童的发展为中心，课程的设置完全是为学生服务；根据儿童的兴趣爱好选择课程内容；在活动课程中，尊重学生，依靠学生自律完成活动任务；课堂的奖罚也是从保证学生自尊和人格的角度进行……种种措施都体现了国外对儿童的尊重。[1]

当然，国外儿童中心的思想并未走向极端。在实际的教学实践中，学校只是尊重学生的个体特征，在自由的环境氛围中，保证学生主动探索和创新精神。小学阶段的教学目的是挖掘学生的潜力，帮助学生发现自己的个性特征，并找到走向成功的途径。学生的自由也是建立在遵守规则、自律的基础上，对自己负责任的表现。

其次，国外学校教学加大开放性，体现在课程管理、课程资源、学习方式、评价标准等方面。国外的学校、社区、家庭紧密联系在一起，联合

---

[1] ［英］霍尔姆斯、麦克莱恩：《比较课程论》，张文军译，教育科学出版社2001年版，第108页。

办学。学校的公共设施由家长出资，学校向社区开放，教师和办公室相互开放，家长和学生共同学习进步等；学校的各种资源对学生开放，家长和社区人员则进入课堂做志愿者。教材、馆藏书籍、社会问题都成为学生学习的资源，学生的学习不局限于学校知识，还与民族宗教、时事话题、社会生活紧密相连。此外，学校一般实行走班制教学，根据每个学生的个性特征和智能特点，选择适合自己的课程，每个学生的课程表不一定相同，课余作业的布置也多种多样，学习方式具有开放性。

最后，国外的教学充分利用现代化的多媒体技术。国外借助录音机、幻灯片等进行课堂教学，还有一些网络远程教学模式；课余作业需要通过上网查阅资料完成，培养学生寻找多种解决问题的途径。

总之，当前国外课程改革的主流是要素主义与进步主义相结合的结果，但是，以儿童为中心的课程理论更加地深入国外课程设置的浪潮中。国外的初等教育，尤其是发达国家的初等教育的课程设置一般一至六年级是基本相同的，只是学习理论知识和活动探索的深度和广度不断在加大，学生修不够足够的学分难以进行下一阶段的学习。而且，其课程设置一般包括英语、数学、艺术、音乐、体育、科学、社会研究、卫生健康等，虽然其课程和中国的课程设置看似相似，甚至不如中国的活动课程丰富，但是小学生要顺利地完成学业，其所学习的知识和参加的活动课程比国内的课程更丰富、实践动手能力更强，理论知识更加广泛。综上所述，美国的改革重点关注的是学生全面、和谐、个体意识和政治相结合的发展，其教育改革有值得我们借鉴的方面，也有需要批判的方面，我们要辩证地对待和分析。

**二　国内小学生改革的关注点**

目前，我国政府为提升教育水平，使我国的初等教育与世界教育同步，对教育的诸方面进行改革。改革的关注点主要具有以下三方面：

第一，改革后的初等教育拥有更高的综合性。在低年级教育阶段，增设涵盖自然、思想品德与生活、劳动、健康常识等基本知识的课程；在中、高年级教育阶段，开设涵盖科学内容的课程以取代低年级的自然课、劳动课。值得注意的是，高年级开设的科学课是在研究自然基础上的与人类关系密切的科技、人体奥秘、环境保护等领域的知识。学校的目的在于培养学生的科技能力，根据各种知识间相互联系，提升学生运用已有知识解决所遇问题的能力。

第二，课改之后的课程更有灵活性、趣味性和实用性。新设置的课程更加重视学生理论知识、个体能力和情感的发展，挑选学生日常生活、符合学生兴趣爱好等方面的知识，同时，还对教师的教学能力和应变能力提出新的要求。目的在于激发学生学习科学知识的兴趣，培养学生的科学素养，带动学生学习的积极性。

第三，培养学生以适应现代化社会发展的能力。新课程的设置更加注重学生之间沟通、竞争与合作、中外交流等方面的能力，为学生的科技能力培养奠定基础。[1]

与以往的课程改革相比较，目前的改革改变以往所有课程服务于语文、数学、英语等理论课的局面，使各种活动课程发挥知识之间的密切关系，为更好的理论知识的输入打下基础；更加重视教学目标、教学内容、教学方法、教学评价等方面的改革，而非简单的教学内容的删减，对活动课程涉及较少。我国此次的课程改革措施，为我国的素质教育改革指明方向，值得我们注意。

### 三 国外课程改革的措施对我国素质教育的启示

国外学校并不大力提倡外语教学，相比而言，他们更重视母语教学，尤其是到了高级中学，其母语教学的难度远远超过国内高中语文教学的难度。此外，国外学校重视音乐、艺术、体育、科技等知识的学习和实践活动能力的培养。在小学阶段，学生就必须学习一种乐器，锻炼其自身的内涵修养；重视学生想象力和动手能力的培养，教师不能将问题的答案固定统一，遏制学生的想象力和创造力；到了高年级，学校甚至将课堂发言计入期末成绩，鼓励学生大胆发言，不管对错……国外的教育看似简单、轻松，实则比国内更加困难。国内初等教育和国外初等教育大致相似，但是在具体安排所秉承的方向存在差异，我们通过国内外初等教育改革的重点对比，可以发现，国外教育改革措施和形式对我国的教育发展具有启发和借鉴意义。

（一）找准课程改革的本质目标，把握整体价值核心

长久以来，国内的初等教育都处于以教材、教师为中心的状态，学生的学习积极性和兴趣及爱好长期被压制。并且，学校斥巨资培养出来的学生的个性特点得不到培养和发展，学生并不能满足社会对人才的需求和学

---

[1] 课程教材研究所：《课程教材改革之路》，人民教育出版社2000年版，第699页。

生自己对学习知识和养成能力的需求。学校教育应该是以学生为中心，以学生的发展为第一要务，一切为了学生各项能力的提升和智力的发展而努力。因此，当今的素质教育改革和课程的转型十分重要。之前的课程改革是删减大部分的活动课程，让学生只接受理论知识，培养知识扎实的学生，现在致力于学生的全面发展，就要转变之前的价值观念。

传统课程要求学生死板地接受，统一固定的答案约束了学生的创造力和创新意识，以及学生个体活泼、灵活的个性。因此，我们可学习国外形式多样的授课方式，不用一成不变的答案和标准去考验小学生的智力、能力。比如，教师不仅鼓励学习成绩好的同学，对那些成绩进步较大的同学、在某方面表现优异的同学、创新创造能力好的同学、勇于提问问题的同学也进行鼓励，不凭借成绩将学生划分等级。

学校开设多种多样的课程，根据学生自己的兴趣爱好，安排每个个体的课程，进行走班制和小班教学。将促进各项智能发展、提升整体能力、展现自我作为学校课程设置的追求，让教育真正地为学生服务。初等教育就要遵从在充分考虑学生的兴趣爱好和个性特征的基础上选择科学的课程内容的原则，安排科学的教学计划和教学大纲，发现学生的个性特征，发展学生学习、生活、解决实际问题、进行科技创新的能力。总之，学校要激发学生在学习中的积极性和创造性，培养学生的学习兴趣和热情。根据学生在不同阶段表现出来的强项智能发展学生的能力，培养其自信心和创新、创造能力，促进学生个性培养和全面发展。

（二）优化课程结构，必须坚持尊重学生身心发展的特点

课程教学改革主要是对课程资源的改动，目前，我国小学生课程资源的重新组合对提高和改善我国小学阶段的教育具有重要意义。课程资源主要包括校内资源和校外资源，校内资源有学生的教材、参考书、阅览室、教室、实验室等，校外资源指能够促进科技能力和解决实际问题的能力发展、增长学生见识等资源。但是，我国的初等教育更多的是把教材作为教学的主要甚至唯一资源，学校对课程资源的深入开发较贫乏。新课程改革可以将学校、社会、家庭三方优化整合，三者相互合作。学校不仅向学生输入理论知识，还让学生有亲身实践的机会，通过实践检验所学知识的正确与否。通过家庭的参与，增强学生日常生活的能力，增强所学知识实际运用的机会。当然，课程资源的优化，离不开政府的大力支持，我们更应该呼吁社会各界以及家庭对学校教育的支持，同时多方监督，保证资金的

有效利用。

  从微观来看，学校需要提高教师的执教能力。从素质教育的角度看，学生德、智、体、美、劳的全面发展远比成绩的高低更重要，做一个有理想、有道德、有文化、有纪律的小学生远比学习天才更重要，因为知识的欠缺可以弥补，道德等的欠缺则会让丰厚的理论知识变为一把"利刃"。而教师是学生全面发展主要的帮助者、引导者，学生健康的、积极的全面发展需要教师的努力，学生的求知欲和对理论知识的兴趣与教师的授课方式密切相关。因此，教师自身素质和教学技巧的提高是我国素质教育改革至关重要的一个环节。课程结构的优化改革可以增强学生自由实践活动的机会，增强其各项智能的锻炼，实现全面发展和发展个体的个性特征。

  （三）科学文化课的改革要科学看待智能、智力和能力的关系

  当今国家之间的竞争力是综合国力，其决定因素是人才的质量和数量。美国近年来致力于培养公民的科学文化素养，在小学生一年级就开始开设相关课程，《标准》规定："学生在学习过程中，具有一个良好科学素养的人所应有的知识、思维和各种技能，才能提高自己的综合能力，为社会做出贡献。"[①] 但是，科学包含的方面很多，在具体的课程设置过程中怎样培养儿童的科学素养就成为重点关注的问题。国外一般主张从感性到理性、从简单到复杂的教学规律进行科学概念、原理的输入。国内也通过颁布课程改革在科学方面的新标准，明确要求现阶段对学生科学素养启蒙的重要性。新阶段的课程改革应围绕科技知识与能力、科学研究的态度、价值观、科技与社会的关系等方面展开，在教材的选取上避免艰涩知识的长篇论述，选取贴近儿童生活的科学课程的内容；在活动设置上尽可能多地设计科技探索和制作活动；在教学过程中，科学正确地引导儿童的学习，因材施教，激发学生对科技知识的兴趣和爱好。总之，在科学文化课程设置方面，要充分地考虑儿童的生理和心理特征，通过科技知识的灌输，提高其在科技层面的智力和科技创新、创造能力。

  （四）加大初等教育学校的开放性

  素质教育观认为学生是学校教育的主体，应该坚持学生本位的价值取向，建设开放的学校课程。所谓开放性，主要是指小学教育中课程资源的

---

 ① National Research Council, *National Science Education Standards*, National Academy Press, Washington, 1995, p. 17.

广泛应用，家长、学校、社区三位一体的办学格局，学习方式的多样性和可选择性以及教师课程评价标准的"随意性"。根据国外的初等教育发展经验和多元智能理论，学生是独立而存在的，每个人都有自己的天赋，老师的作用就是引导学生在多项强项智能发展的过程中，找到其天赋。因此，对教师的教学成果的评价就变成了学生个体多项智能的发展水平和智力提升的程度，学生变为评价的主体，具有一定的随意性。学校发展素质教育，可以借鉴国外对课程开放性的特点。

第一，学校可以构建开放、人性化的校园环境。儿童的学习除了平时的偶然习得，主要是在学校的课堂中进行，舒适、愉快、积极的课堂环境和轻松、干净、开阔校园氛围不仅有利于学生的学习和成长，还有利于科学素养习惯的养成。我国大部分的小学课堂装饰单一、严肃，比如教师墙壁、楼道、走廊多张挂名人、名言，或者学习的标题、口号等；课桌的摆放也是为了方便教师管理，传统的摆放方式使学生进入座位便感到学习的紧张和严肃。这种环境的布置不适合儿童活泼好动、追求新奇的个性特征，限制了师生之间的交流、互动。我们在新课程改革的探索中，可以借鉴国外小学教室布置的优势。在学校的控制下，让学生自己完成对教室、楼道、走廊墙壁的布置；改变传统课桌的摆放形式，使用开放式、多样性的布局，或者经常改变传统课桌的形状；依据师生平等的观念和增加学生之间沟通交流的原则，经常更改座位排列的规则……力求创建一种舒适、和谐的教学环境，为课堂教学营造良好的环境氛围。

第二，学校需要增加学生的自由感，降低学生对学习的紧迫感和压抑感。初等教育阶段的小学生身心尚未成熟，再加上离开父母的羽翼进入陌生的环境学习，心理极易受到外界环境的刺激。我国小学课堂要求学生双手抱臂、端坐在课桌前；国外的小学生在进行活动课程时，对姿势没有固定统一的要求，学生可躺、可坐、可站等。国外采取这种方式进行活动课程是为了打破学生的思维束缚，增强其在活动中的舒适感和随意感，给学生自由的活动空间。因此，我们在进行活动教学时，要增加学生活动的自由和探索的自由，给予学生充分的尊重，降低学生对教师的提防，让学生勇于表达自我情感和感受，创办鲜活的教育。

第三，加强家长在学生学习过程中的参与，增强家长和学生之间的学习互动。在我国小学生教育中，家长对学生学习的支持和帮助的力度十分微弱，比如，家长很少或几乎不会主动参与孩子的学习，近年来才开始出现家长到孩子学习的学校做义工的现象；家长对学校基础设置财力上的支持力度更是不够；家长认为学生学习是学校的任务，自己只需要进行监督就可以的错误观点仍未改变等。学生的健康成长离不开父母家庭的支持，家庭是最好的老师。在我国已经有部分民办小学在学生接受学校教育的同时，安排家长接受家长课程，学校和家庭共同努力促进学生的成长，但这种现象尚未在公办小学中出现。当然，公办小学也在积极地进行素质教育改革，倡导父母到孩子上学的学校中做义工等。虽然国内已有改变，但是家长对学生学习的参与力度仍然不够，学校可以借鉴国外的经验，充分利用家庭这一有利资源，促进学生智能发展，提升学生的各项能力。

第四，学校需加强对公共资源的开发和开放。国内小学理论知识的输入多依靠课堂教学，对市区、社会上的公共资源利用严重不足。学校应多引导学生对图书馆、博物馆、展览馆等资源的好奇与重视，经常举行参观博物馆、展览馆及参加夏令营等活动，开拓学生的眼界。此外，在大量课余作业的重压下，小学生逐渐失去阅读课外书籍的时间和兴趣，而国外的小学注重培养学生的阅读兴趣和爱好，尤其是精读和泛读两个方面。学校需要完善学校图书馆的设施，加大图书馆书籍的开放程度，让学生可以通过图书馆资源和网络资源学习课外知识，增加自己的阅读量，拓宽视野。

第五，构建多元评价的教学管理。我国的传统教育一般以学生的成绩作为衡量教师教学成果和效果，这样就会出现教师过于注重成绩忽视学生各项智能全面发展的局面，不利于学生的健康成长。因此，我们需要构建一种新的科学、合理的评价体系，借鉴国外开放性、整体性、多元性的价值评价观念，构建多元化、开放性、可持续发展的评价新体系。科学的课程多元化评价体系，不仅有利于激发学生的兴趣爱好，而且有利于切实激发教师教学能力的不断提高。还可以积极挖掘学生的本质潜能，增强学生的综合能力，为学生以后的发展打下坚实的基础。[1]

（五）设置融合多元文化的课程

每个国家都有自己的文化特色，都拥有自己民族的优秀文化和精华。当今世界是多元化的世界，教育要适应变化的社会，就要将教学内容从单一化走向多元化，将各种文化融合在一起。积极吸取国外的优秀文化并带入课堂中，与中国的传统文化融会贯通，形成适应时代需要的文化特征。

---

[1] 蔡其勇：《小学科学课程的科学哲学研究》，西南大学出版社2008年版，第90页。

国内外的文化属于不同的体系，课程文化因为文化的不同而各有千秋。国外重视儿童的自主性、独立能力的培养，与其宣扬的自由、民主、人权有密切的关系；而中国倡导集体和家庭的意义，以"孝"文化为主，教学讲究尊师重教，学生的个性得不到应有的发展。同时，国内的教育以应试教育为主，存在教学新式单一、活动特色少、灵活性不足，学生的创新能力和解决问题的能力不足等问题；国外的学校注重学生的科研创新能力，却忽视了基础知识的教学。目前，英国的部分小学将采用中国的数学课本进行授课，以改变学生算术依靠计算机的局面。国内外的两种教学偏差正好互补，国外的小学课程优势正是我们所需要的，我们应该吸取对方课程设置的优点，在抓牢理论知识的基础上，更多地考虑学生的兴趣和爱好，以及学生的生理、心理特征，在每个合适的阶段发展其表现出来的强项智能。

学校还可以加大中外交流活动课程的设置，这不仅有利于塑造学生的沟通交流能力，还能帮助孩子从小树立和谐发展的观念，让学生在交流中不断吸收彼此的优秀文化，增强自身的综合素质修养。总之，通过融合多元文化的初等教育，增强小学生阶段课程的丰富性和活动的多样性，促进智能发展，努力提升学生的智力和能力，构建高质量的初等教育。

总之，国外的课程设置既有许多优点，同样也存在很大的不足，并且，其优点并不一定适合我国的国情和文化特色。例如发达国家的小学课程注重科技知识的输入和科学探究、创造能力的培养，母语、数学等基础理论知识并不牢固，培养出来的小学生甚至需要依靠计算机才能运算简单的乘除法；活动课程过于重视儿童的地位，对知识的输入缺乏系统性，致使学生所学知识与能力相差悬殊；国外小学生的课堂过于松懈，学生的学习能力较低。因此，我们在借鉴的过程中应取其精华，去其糟粕，为我所用。

# 第三部分　探索篇

# 第九章 教育理念的探索

我国关于学生全面发展与个性发展的理念有哪些？主要观点如何？以及为什么在小学生阶段更重要、更容易、更有意义实施全面发展教育？本章节将做详细的阐述。

## 第一节 全面发展与个性发展的教育理念探索

### 一 全面发展的教育理念

关于全面发展的教育思想，在我国有着悠久的历史。早在春秋时期，伟大的教育家、思想家孔子就提出"全人生的学习教育过程"。在近代，在王国维的教育思想中也提到"完全之人物"；著名教育家陈鹤琴就学生的发展主张"健全之人格"，无不都体现了全面、和谐、整体发展的思想。

在西方与孔子同时代的希腊，苏格拉底的教育理想就是盼望人像"一无所有"的神仙一样"接近于神性"、"接近于完善"。

柏拉图继承与发展了苏格拉底的教育思想，他认为理想的人、完整的人就是"使睿智和激情这两部分张弛得宜配合适当，达到和谐"的人。

亚里士多德也将人的灵魂分为三部分，但认为教育目标应"顾及人的灵魂的各个部分和人类生活的各个方面"，亦成为和谐的人。

在对世界教育产生极大影响的近代西方，关于促进全面发展的教育思想同样很多，例如，圣西门、欧文的理想是"每个人所受的训练和教育将使他们能够用最好的方式尽量发挥本人的全部才能和力量"。席勒认为"教育的目的在于，培养我们感性力量和精神力量的整体达到尽可能和谐"的人。

全面发展是人类个体发展由来已久的理想，回溯我们人类进化的历史，我们发现我们人类个体的发展正在逐渐完善，从生理的完善到心理各方面的成熟，这些发展来源于教育的启蒙与发展。

（一）终身教育中的全面发展教育思想

20世纪60年代中期以来，在联合国教科文组织及其他有关国际机构的大力提倡、推广和普及下，1994年，"首届世界终身学习会议"在罗马隆重举行，终身学习在世界范围内达成共识。

终身学习，《在教育——财富蕴藏其中》对其所下的定义是："教育的种种使命以及教育可能具有的多种形式，均使教育包括从童年到生命终止、起下述作用的所有活动：这些活动可将前一章述及的四种基本学习灵活地结合起来，使每个人能够生动地了解世界、了解他人和了解自己。……委员会把与生命有共同外延并已扩展到社会各个方面的这种连续性教育称之为'终身教育'"。

终身教育的思想与促进个体全面发展的教育思想是相契合的，专家分析终身学习的理论中包含着全面发展的教育发展，它强调个体的学习贯穿于人的一生，通过不断的学习，我们个体的发展将会越来越全面，即全面发展。

终身教育在教育目的上，"终身教育的教育目的取向以人的整体、充分发展与完善为最终目的，表现为社会性与个体性的高度统一"。

终身教育在目标上，朗格朗认为培养"现实的完人"——"一个独立的人和处在同他人及整个社会关系中的人"。终身教育为个体的可持续发展提供了良好的发展前景，创造可持续发展的条件，其核心是人的全面发展，承认个体的个性特征、遵循个体个性智能发展的规律，让个体根据自身的发展实况在人生各个阶段都能受到与自身发展特点息息相关的教育。消除一次性教育给个体发展带来的局限性，终身教育中，个体通过多次选择、多种学习，有足够的机会发展自我，完善自我，在最大限度上开发出自身的潜能。

（二）我国的全面发展教育

1957年，在生产资料所有制的社会主义改造基本完成之后，我国国家领导人在最高国务会上提出："我们的教育方针，应该是受教育者在德育、智育、体育几方面都得到发展，成为有社会主义觉悟的有文化的劳动者。"

1982年，第五届全国人民代表大会第五次会议通过了《中华人民共和国宪法》（以下简称《宪法》），《宪法》规定："国家培养青年、少年、儿童在品德、智力、体质等方面全面发展。"

1985年《中共中央关于教育体制改革的决定》指出："教育要为我国的经济和社会发展培养各级各类合格人才，所有这些人才，都应该有理想、有道德、有文化、有纪律，热爱社会主义祖国和社会主义事业，具有为国家富强和人民富裕而艰苦奋斗的奉献精神，都应该不断追求新知，具有实事求是、独立思考、勇于创造的科学精神。"

1993年中共中央、国务院印发的《中国教育改革和发展纲要》重申："各级各类学校要认真贯彻'教育必须为社会主义现代化建设服务，为人民服务，与生产劳动和社会实践相结合，培养德、智、体全面发展的社会主义建设者和接班人'。"

中国共产党第十六次全国人民代表大会的报告中要求："全面贯彻党的教育方针，坚持教育为社会主义现代化服务，为人民服务，与生产劳动和社会劳动相结合，培养德智体美全面发展的社会主义建设者和接班人"。

我国现行小学教育方针规定："义务教育必须贯彻国家的教育方针，实施素质教育，提高教育质量，使适龄儿童、少年在品德、智力、体质等方面全面发展，为培养有理想、有道德、有文化、有纪律的社会主义建设者和接班人奠定基础。"我国教育方针的实质，就是促进小学生全面发展。"全面发展"作为一种教育理想、追求和信念，包含四个方面的内涵，即完整发展、和谐发展、多方面发展和自由发展。"完整发展"，是指个体的各方面的素养都得到发展，也就是个体的各项智能都能得到发展，不能单独发展某一项或几项智能，追求盲目的"片面发展"；"和谐发展"，即个体的各项智能能协调发展，各项智能的发展不能失调，造成"畸形发展"。"多方面发展"即个体的各项具体智能，在主客观条件允许的范围内应尽可能都得到发展。"自由发展"，"自由发展"旨在告诉我们"全面发展并不是指各项智能的平均发展，各项智能都必须遵从同一个发展模式，有一个规定性的轨迹"。

以促进小学生的全面发展为根本目的的小学教育，就是要实现小学生各种最基本或是最基础的素养的"完整发展"、"和谐发展"、"多方面发展"和"自由发展"，实现小学生在发展上的全面、和谐、自由、自主和丰富。

## 二 个性发展的教育理念

中国古代圣人孔子曾经在两千多年前就已经提出"因材施教，有教无类"的教育思想，也许这是最早关于个性化教育的理念和思想了。"因材施教"的含义今天人们通常理解为："因"："根据"；"材"："资质"；"施"："施加"；"教"："教育"。指针对学习的人的志趣、能力等具体情况进行不同的教育。出自《论语·为政》"子游问孝"、"子夏问孝"朱熹集注引宋程颐曰："子游能养而或失于敬，子夏能直义而或少温润之色，各因其材之高下与其所失而告之，故不同也。"

爱因斯坦在论教育中提道："一个人没有独创性和个人志愿的规格统一的个人所组成的社会，将是一个没有发展可能的不幸社会。只有每位社会成员的个性得到充分发展，其创造才能有效开发，才能促进社会的全面进步"。

有关"个性"的定义方面，袁振国教授在其主编的《当代教育学》中提到，个性是指个体在社会实践活动中形成的独特性，也可以说是个体在社会实践过程中形成的独特性、自主性和创造性。

心理学派也提出关于"个性教育"说。所谓个性化教育就是弘扬、发展和优化学生独特个性的教育。教育者承认学生在社会背景、智能背景、态度价值、情感和生理等方面存在个别差异的前提下，做到既"有教无类"，又"因材施教"，使每个学生得到全面发展。

国际个性化教育协会中国理事会会长、中国个性化教育研究院执行院长、个性化教育理论和实践家曹晓峰教授组织专家小组经过长达近二十年时间的对个性化教育进行深入、系统的理论研究和实践探索指出，"所谓个性化教育（Personalized Education 或 Customized Education），它包括从潜能开发、素养教育、学科教育、阅历教育、职业教育、创业教育等多个方面，对被教育对象的心态、观念、信念、思维力、学习力、创新力、知识、技能、经验等展开咨询、策划、教育和培训，从而帮助被教育对象形成完整独立人格和优化自身独特个性，释放生命潜能，突破生存限制，实现量身定制的自我成长"。

曹教授认为，个性化教育它包括多个方面，知识、技能、经验等。现今的素质教育思潮中，个性化教育是全面发展教育的核心，强调个性化教育不能片面发展，不是一味地强调发展个体的强项智能，永远都在做我们擅长的事情。上一节关于全面发展内容中所提到，人的发展需是全面的，这虽不是指对于人的各项智能平均发展也不是我们所谓的"个性发展"，即只发展"强项"智能，错误理解与把握"个性发展与全面发展的关系"，使学校教育又走了"老路"。

### 三 全面发展与个性发展教育有机结合起来的探索

(一) 多元智能理论下，个性发展与全面发展有机结合的重要性

本书所提倡的个性化教育，更多的是立足于心理学的背景。有学者在理解多元智能理论后感叹道："学生在体育运动方面有特长，我们却常常要求他在教室里算出一道奥林匹克数学题；学生喜欢音乐也能在大众面前哼出优美的旋律我们却要她在物理考试中取得高分；学生喜欢人际，能够在集体中被大家拥护喜欢，我们却要他学会冥想成为一位哲学家。这样的要求是不理智、不科学的。我们既然不要求一棵杨树长成柳树，不要求一棵松树长成柏树，为什么竟然会要求一个长于交际的学生要成为冥思的哲学家呢？要求一个长于情绪体验和感情表达的写作者在化学考卷上答出一百分呢？"

每个人都是独一无二的个体。在智能发展上的潜能参差不齐，或许有些在数理智能上占据较大优势而有些人则有着超于常人的音乐智能。那么，如何发展个体的特长和开发优势智能？是否只是关注我们的优势智能而忽视其他的普通智能或者说弱项智能呢？

这就涉及我们老生常谈的"全面发展"与"片面发展"之间的博弈了。我们想要强调的是，"片面发展"与"个性发展"在本质上是有区别的，不能混为一谈。"全面发展"的对立面是"片面发展"，不是"个性发展"，全面发展与个性发展是相互统一的，两者可以兼顾并能协调、和谐发展。

加德纳（1999）将智力界定为"加工信息的一种身心潜能，它在文化环境中被激活，以便解决问题或创造出为某种特定文化所看重的产品"。我们在加德纳多元智能理论的启发下，在《关于儿童智能发展不平衡研究》著作中将智力定义为"通过感知、记忆、思维、想象、分析、归纳等形式，针对当前环境，综合与调动多种智能，运用所学知识与经验，所产生的心理活动"。要达到加德纳教授所定义的智力，"解决问题或创造出为某种特定文化的产品"，我们认为需要的是能力。"是为适应和改造环境，在有机体自身智能的基础上，运用智力，解决实际问题的实践活动"。无论是加德纳教授所说的智力还是我们所认为的能力，它是一

种合力,是在个体各项智能协调、配合与知识以及经验等综合起来形成的合力。这种合力的形成与发展,是个体各项智能协调、全面发展的结果。如果只是单纯地强调某一种或几项智能的发展,这便会让个体在实践发展中存在"短板",会对个体的"自我实现"形成阻碍。

"他用高超的体育技能,在一个强手如林的国家运动项目中占有了一席之地,成就了很多人的梦想,更成了中国人的骄傲。他出色的表现和随时听从祖国召唤的爱国精神,使他带给人们的思考已经远远超过了体育本身。对祖国的情感,对现在的把握和对未来的期待,都将使他成为中国体育和 NBA 的历史人物。"毫无悬念这是 2002 年感动中国十大人物姚明的颁奖词。就个体的发展而言,姚明的体育智能是他的强项智能,他也充分发展了自己的强项智能。但是,成就姚明的不仅仅是他的体育智能,中国的体育明星众多,在体育方面有特长的人也不在少数,但是姚明只有一个。

一个人的成功不能只是单方面的发展,是各项智能综合、协调发展的结果,也就是要让我们的各项智能都得到发展,各项潜能全面发展。现实中,有些人即使在某领域才华横溢但是却不受重用,不被认可,这是为什么呢?情商发展很低,道德素养差,没有合作意识;在学校教育下,是个成绩优秀的学生,步入社会发展却处于中下阶层。

在著名的"短板效应"中,我们发现,决定最终水量的是那块"短板"。在个体现实的发展中,我们首先避免自己的发展出现"短板",另外要协调各项的发展长度、宽度;其次在个体智能发展确实存在强项与弱项时,积极地发展强项智能,同时也不能忽视弱项智能的发展。

个性发展与全面发展的协调就是在最大限度发展个体的强项智能的基础上,促进其他各项智能都能得到发展,使所有智能完美协调配合,使强项智能更强。不能只要孩子学习成绩好,其他方面就可以忽略。

(二)新教育理念下,全面发展与个性发展的有机统一

有人说,应试教育一日不消除,我国教育发展永远不会进步。虽然这种观点有些偏激,但是在某种程度上也折射出我国教育发展的一些问题。我国教育发展一直在强调素质教育,强调在小学教育阶段促进学生的全面发展。或许"强调什么"就是"缺什么"。我国小学高举"全面发展"旗帜好多年,但"片面发展"的教育现状依然存在。

全面发展即人的全面发展,指人的体力和智力的充分发展,又指人在

德、智、体、美各方面和谐地发展。我国《宪法》和《教育法》中有明确阐述，人的全面发展是指人的各种基本素质和能力得到尽可能多方面的发展，即"国家培养青年、少年、儿童在品德、智力、体力等方面全面发展"，"教育必须为社会主义现代化建设服务，必须与生产劳动相结合，培养德、智、体等方面全面发展的社会主义事业的建设者和接班人"。

个性发展是指个体发展的独特性，个体在情感、态度、意志品质上不同于他人的一些特征。德国学者在对终身教育理念的20条解释中曾提出这样一个观点："终身教育有两个领域，即普通教育与专业教育。这两者不是孤立的，是相互联系、相互作用的。"此处的"普通教育与专业教育"实则是指我们的全面发展教育与个性教育。全面发展与个体发展不是相反相对的，虽然它们有各自不同的发展方面，但最终都是为个体的和谐性、适应性。全面发展是指个体的发展在德、智、体、美等基本面上的相对完整性与和谐性，其对立面是片面发展。个性发展是在个体协调发展的基础上凸显个体发展的差异性、创造性。在个体的认知发展、情绪意志等发展上的独特性。全面发展与个体发展是相互统一、相互依存、相互促进的。

## 第二节 在小学教育阶段进行全面发展的重要性

### 一 理论探索

在小学教育阶段，强调学生发展的全面性，不是学校教育的高要求，也不是广大教育家的"大话"。小学教育又称为基础教育，小学教育具有基础性特征，它既不是针对每个人的专业化特定的职业教育，也不同于高等教育。小学教育的对象是6—12岁的儿童，既不是青少年也不是成年人。当代小学教育旨在为儿童进一步的终身学习和可持续发展奠定基础。除此之外，多元智能理论、小学阶段个体发展的一些特征以及小学阶段小学生学习方法等特点也为小学阶段实施全面发展教育提供了有效例证。在把握好学习的遗忘规律下，更好地促进小学生的全面发展。

（一）多元智能理论

多元智能理论构成本书的理论基础，是这本书的根基。

多元智能理论是由美国哈佛大学的发展心理学家加德纳于1983年在

《智能的结构》一书中提出的。多元智能理论中：每个个体都拥有这九种智能，由于这九种智能在不同个体身上以不同的方式且以不同的程度组合而存在，从而使得每个个体都各具特色。在智能理论中加德纳强调：

第一，注重整体性。这九种智能虽说是相互独立的，但是它们同等重要，应给予同等重视。这与我们促进个体全面发展的理念是相通的。

第二，把握差异性。虽然这九项智能几乎在每个个体中都存在，但是其各个智能的组合与发展程度不一样，因而是存在差异的。针对每个个体的发展我们要区别对待。这便是我们教育中的注重个性化教育。

第三，突出实践性。智能的发展只是为个体的发展提供了基础、提供了发展可能性。个体真正能力的发展还需后天的开发，经过专业的教育与实践的有意识的锻炼才能成长，才能真正转化为个体的能力。在生活与工作中去解决一些实际性的问题。

第四，重视开发性。人的智能是多元的，并且存在差异性。一个独立的个体，只是像传统的教育那样对待，恐怕对于多元智能的发现是不利的。目前学校教育中，一味地强调知识的传授，强调语文、数学、英语成绩的比拼。在个体其他智能方面缺少关注，更缺少开发。在发展优势智能的同时，关注个体某弱项智能的均衡，不至于是个体片面发展。

（二）多元智能发展不平衡理论

我们在加德纳多元智能理论的基础上提出多元智能发展的不平衡性，不仅仅指出个体多项智能发展是不平衡的，即使不同个体同一智能发展也是不平衡的，因此，要恰到好处地认识儿童的智能发展。

第一，个体的智能是多元的且发展呈不平衡性。

每个个体都拥有9项智能，这些智能为个体的发展提供了基础，这些智能的发展是不平衡的，如发展速度上的差异、发展程度上差异、各项智能组合上的差异。因而在学校教育中，教师要理性地对待学生的发展，不要盲目给孩子贴标签；在家庭教育中，家长不要失去耐心，多方面观察孩子的发展，关注孩子各项智能的发展。在社会中，同样不要给孩子施加额外的压力，来自外界的评论有时会毁掉一个孩子。

第二，智能、智力与能力。

在不平衡理论中，智能、智力、能力都有各自明确的定义。智能的发展只是为个体的发展提供了基础，只是一种可能性。智能的发展之上还有智力与能力的发展。

有了智能的基础远远是不够的，《伤仲永》便是最好的例证。智能与智能之间是相互独立的。没有后天的开发、教育以及实践的联系与提升最后也只会"泯然众人矣"或是"畸形发展"。

智能在后天的教育以及个体本人有意识地倾向性发展中就会发展成为智力和能力，智力是一种心理活动，它是综合各项智能的基础。此处我们想强调的是，如果只是片面发展某项智能，最终只会阻碍个体的智力发展，继而会让个体的能力形成存在"短板"。这就是大力提倡个体全面发展的必要性。

（三）个体发展的特点

本书强调的全面发展主要是集中在小学阶段，也就是我们教育重点关注之一的基础教育阶段。在小学教育阶段，学生的个体发展有其阶段性特征，也为广大教育者与家长对孩子实施全面发展教育提供了前提。

第一，可塑性。

在此阶段的孩子，可塑性是最强的。尤其是在低年级阶段，孩子的自我意识还没有完全萌发，没有过于复杂的情绪干扰也不会有青春期的"逆反心理"。孩子对周围的一切感到新颖，同时也会有一些恐惧。此时在老师与家长的引导下，孩子会更容易接受某种成长方式或是更愿意去学习一些事物。此阶段，教师与家长，树立起正确教育观念。要注重个体发展的整体性、差异性、开发性、实践性，要在促进小学生全面发展上做长足的努力。

第二，纯洁性。

刚步入基础教育阶段，孩子的思想以及周围环境单一而纯洁。没有青春期的躁动，也无须面对升学压力，空闲与自主掌握的时间也较多。没有太多的外界干扰，学习起来单纯快乐。

同时，在此阶段孩子的"向师性"表现得非常明显。只要是老师的话，就肯定是正确的，就一定要执行。老师一朵小红花的奖励便是极大的荣耀。

第三，好奇心。

好奇心是最好的老师。只有对某件事抱有好奇心，才会想去了解，想去学习。"小猫钓鱼"的故事我们都听说过，好奇心在不加引导的情况下，只会三心二意，最终"一条鱼都钓不到"。在小学教育阶段，在充分利用学生好奇心的前提下，要加强引导。

第四，记忆力发展的增长期。

小学阶段的个体，记忆力的发展速度是惊人的。几乎一个时段就有一个提升。所以，此阶段是让孩子进行机械记忆的"黄金时期"（后文将会重点介绍），并且在此阶段背诵的内容几乎都能进入长时间记忆中。即使现在不理解其意义，在后期发展中个体会在无意识中将其提取出来，咀嚼理解。不要对"机械记忆"抱有偏见，在个体的不同发展阶段有其特殊性，机械记忆也是一种较好的学习方式。

## 二 行为主义学习法

所谓行为主义学习，就是经常遭到一些学者与专家反对和抨击的"灌输学习"、"死记硬背"。我们在《关于儿童智能发展不平衡研究》著作中曾提到。在个体12岁之前也就是在小学教育阶段，行为主义理论始终占据上风，对儿童的发展起主要作用。多年的观察与研究，一般是在儿童早期，此时儿童的学习主要是机械的，就如行为主义所描述的那样，在这一阶段，儿童的学习主要是 S－R 的联结，学习方式是被动地接受，他们根据外界刺激的不同会有不同的反应，儿童的学习主要受外在因素影响。前期儿童的头脑中所有的经验量相对较少，大部分是在后天所学习与积累下来的，前期的积累基本遵循了行为主义学习方式，即此时的学习主要以灌输与外在强化为主。

小学生学习的同时要注意以下几点：

第一，要营造良好的外在环境与把握学习材料的特点。小学生的群体意识与积极性是非常容易调动的，在班上的伙伴都在学习，都能在学习中取得好的"成绩"，他们会积极加入他们，在相互"攀比"中他们能用更短的时间完成学习内容。同时要注意的是，小学生主要以形象思维为主，他们会对一些形象的文字与图片更为感兴趣，但是具体的学习材料的选择最好注重个性与时代性的结合，因为对当代小学生的普遍的感受是，自我意识觉醒要早，入学前的"经验知识"已经很是丰厚。

第二，要遵循小步的原则，不能操之过急。小学生注意力的发展，尤其是注意的稳定性品质方面还不是很成熟。在日常的生活与学习中，我们常常会发现小学生的注意力不集中，在课堂教学中也经常发现一些学生很容易走神，会"开小差"，不能对同一事物保持较长时间的关注。这便是因为在小学阶段学生注意的稳定性发展程度不高。因此，在学习时间的安排上不能持续太长时间，30分钟左右即可。过长时间地学习效率不高，还会有"厌烦情绪"产生，影响学习兴趣与学习动机。

第三，要进行积极强化与反馈。给予他们一定的表扬与奖励，他们的积极性会得到加强，积极性就会更持久。在学习动机的研究中，我们可以发现，在小学阶段，学生的学习动机主要以附属动机为主。附属动机主要是指来自外界的事物，小学阶段主要是来自老师的言语肯定、肢体抚摸；家长及周围亲人的表扬与物质奖励；同伴的羡慕与崇拜。这种动机的形成与发展是我们的教师与家长最容易操作的。附属动机一旦形成，在长时间的发展中会向内在的学习动机发展，即形成持久稳定的内在学习动机。此时，学生的学习完全是一种自主行为，所需的外在强化影响就会越来越少，但是教师与家长想再用外在的影响去刺激学生学习便十分困难了，小学阶段是最好的时机。

最后，与记忆相对的就是遗忘，遗忘是我们学习过程中无法避免的一种现象，但是，遗忘是一种有规律的现象，把握了遗忘的规律再去打破它便不是一件难事了。

### 三 遗忘规律

德国心理学家艾宾浩斯（Hermann Ebbinghaus）对遗忘现象做了系统的研究，他用无意义的音节作为记忆的材料，把实验数据绘制成一条曲线，称为艾宾浩斯遗忘曲线（见图9-1）：

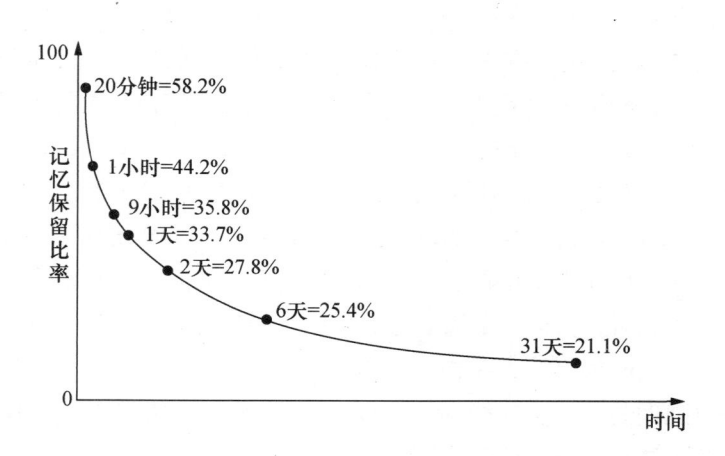

图9-1 艾宾浩斯遗忘曲线1

这条曲线一般称为艾宾浩斯遗忘曲线，也称艾宾浩斯保持曲线，它的纵坐标代表保持量。曲线表明了遗忘发展的一条规律：遗忘进程是不均衡的，在识记的最初遗忘很快，以后逐渐缓慢，到了相当的时间，几乎就不再遗忘了，也就是遗忘的发展是"先快后慢。"一般来说，人的记忆周期是这样的：

（1）第一个记忆周期：5分钟；
（2）第二个记忆周期：30分钟；
（3）第三个记忆周期：12小时；
（4）第四个记忆周期：1天；
（5）第五个记忆周期：2天；
（6）第六个记忆周期：4天；
（7）第七个记忆周期：7天；
（8）第八个记忆周期：15天。

根据人类学习的遗忘规律，一般记住后，在5分钟后重复一遍，1小时后再重复一遍，12小时后、1天后、2天后、5天后、8天后、14天后就会记得很牢。因而，为了防止遗忘，在学习时，一定要及时复习，并且要遵循"及时复习"、"间隔复习"的原则（见图9-1）。学习与记忆时，为了长时间保持，复习的时机是非常重要的。当然，以上的遗忘规律并不是千篇一律，对所有的儿童都适用的。儿童背诵一些知识并不是很困难，尤其是在儿童成长的早期，在12岁之前，儿童受外在环境的影响很大。只要给儿童营造良好的学习环境，有着父母的用心引导，让儿童积极学习教师或家长教的学习内容并不是一件难事，但是如何让儿童将已经学会的知识保持住，这就是我们需要攻克的难题了。如图9-1所示，合理地安排复习计划，把握好遗忘规律中的节点，使记忆的知识牢记。学习与记忆，为了长时间保持，复习的时机是非常重要的。一般记住后，在5分钟后重复一遍，1小时后再重复一遍，12小时后、1天后、2天后、5天后、8天后、14天后，这样一个周期之后，记忆的信息就会慢慢地进入长时记忆，并且会长时间保持（见图9-2）。

需要强调的是，在小学阶段，学生的学习主动性与自觉性还不是很高，教师要注意引导与监督；离开学校，家长要有意识地帮助孩子坚持，一位教育家曾说，教育的坚持，除了学生自身的意志力以外，更多是家长的坚持与耐心，尤其在早期教育中。

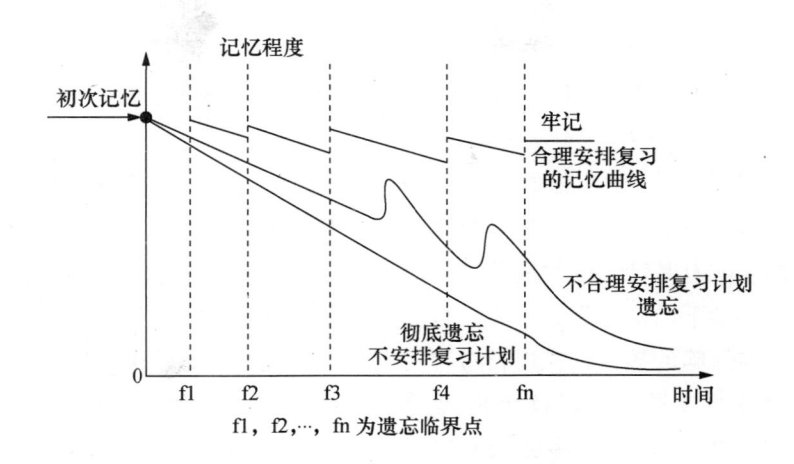

图 9-2　艾宾浩斯遗忘曲线 2

我们在孩子的早期教育中，让其背诵《老子》、《大学》、《中庸》，按照遗忘规律的理论，已经在读五年级的孩子已经能很流利地背诵出《老子》、《大学》、《中庸》（注：关于我国古代经典的背诵在后文的模式探索中会有详述）。并且随着年龄的增长，这些经典对孩子的影响已经渐渐出现，孩子的成长常常会给我们带来惊喜，尤其是多年来不间断的"陪伴学习"也让我们的家长和孩子关系和谐。

## 第三节　教学实践的探索

### 一　教育观念

（一）要为理解而教

以多元智能理论来实施为理解而教。教师在教学过程中，可以选择能够以多种方式来解释、学习、接受丰富且有意义的主题学习材料。

首先，在这些丰富而有意义的材料中寻找出不同的切入点。所谓切入点就是如何将材料呈现给学生，从哪个角度去介绍与解读这些材料。不同的学生，要从不同的角度、用不同的方式进行介绍。"例如，在介绍达尔文的进化论时，学生可以阅读达尔文的生平故事，或他们也可以追踪达尔文在尝试发现加拉帕戈斯群岛上雀类分布时的思维进程，而另一些学生则可以通过描绘大自然力量的纪录片或艺术作品来接触进化论"。

其次，对于学习材料与内容的表达，教师可以依据对学生的理解，用不同的方式来表达，例如，用音乐聆听、艺术体验、语言、数学等来表达。

（二）对每个学生的成长都有信心

"贵人语迟"、"大器晚成"、"天生我材必有用"等都是我国古代对个体成长与发展情况的描述。每个个体的发展在其智能基础上，随着后天环境的影响有其特定的发展轨迹。对个体的发展不能过急，不能对孩子的成长过早地下结论，失去信心。台湾著名歌唱家萧煌奇，从小是一个在视力上存在缺陷的孩子，在成长过程中也曾被怀疑其发展的全面性，一个都无法完整地观看与学习这个世界的孩子能有什么发展。但是他的一首《你是我的眼》却让大多数人将其的质疑统统收回。他的音乐智能的特长，以及他的语言智能的发展与其他各项智能的相互协调发展，促成了现在的萧煌奇。

我们任何人都不能对个体的成长做出任何预言性的评判，应该对每个来到这个世界的孩子的成长充满信心。同样地，作为成长中的孩子遇到一些问题与挫折也不要丧失信心。这个世界，既然来了，就能好好健康地成长与发展。

（三）教学着眼于学生的多元智能

在我们的应试教育中，小升初、中考、高考所必考的科目就是语文、数学、英语。在小学教育阶段，学校与家长虽然没有过大的升学压力，但是依然要为我们的中、高考打基础。因此，我们的小学教育就只是在这三科上努力。学生这三门科目的成绩似乎就决定了孩子的一切方面，忽视了孩子的其他各项智能的发展。我们每个学生的智能基础是多元的，一个人能够发展全面、和谐是其各项智能协调发展的结果。一些学生成绩是突出，但进入社会以后发展得并不是那么理想，这些学生人际交往能力差，情商低、道德素养方面也存在问题。我们的教学发展要注重学生的多元智能的协调发展，着眼于学生的多元智能。

（四）多元智能，多元评价

现今学校教育常用的评价方式是考试，但考试所测出来的只是我们的语言智能与数理逻辑智能。而对那些这两项智能发达的学生来说，当然具有优势。在霍华德·加德纳的多元智能理论中每个个体都有9项智能，这9项智能相互独立，无优劣之分。单独评价某一项或几项智能是不公平的，会让学生对学校教育失去信心。

## 二 教育目标

苏联著名教育学家赞科夫提出，学校教育中知识的掌握与学生的发展之间存在某种"剪刀差"。在学校教育中，所谓的优生，学习成绩优秀的学生在发展水平上经常会处于中下水平。"学生的发展不仅指智力的发展，而且包括情感、意志、品质、性格、集体主义的个性发展。我们的时代不仅要求一个人具有广泛而深刻的知识，而且要求发展他的智慧、意志、情感，发展他的才能和禀赋"。

我们的教育目标不仅仅使我们的学生掌握学校中传授的一些理论知识，还要促进学生发展。中国共产党第十六次全国人民代表大会的报告中要求："全面贯彻党的教育方针，坚持教育为社会主义现代化服务，为人民服务，与生产劳动和社会劳动相结合，培养德、智、体、美全面发展的社会主义建设者和接班人。"

无论在国家或思想家的理想中还是在各级各类学校的培养目标以及具体的教学与课程目标上，我们的目标始终是促进学生的全面发展。

## 三 课程设置

课程结构一定程度上影响着学生的素质结构，课程水平影响学生的素质与发展水平。传统的学校教育中，我国的课程设置，除了语、数、外以外，还有体、音、美、劳动课、社会课、自然课等被称为"副科"的课程，这些课程不同于语、数、外，由于不参加最终的考试测评，根本就得不到授课教师与家长的重视。大多数的课时都被三门所谓的"主课"或是被大量的课程作业所占用。造成学生整体知识结构上的明显缺陷和人文素养的缺失，使学生的智能发展存在缺陷。

此外，我国小学教育的课程设置，也存在一些问题，在传统文化经典的学习内容过少、课程目标单一、对学生各项智能的发展兼顾不够，使学生发展不全面。

因此，多样的课程设置是促进学生全面发展的关键。近年来，我国各地学校都在尝试课程设置突破，创建多元化的课程体系。例如，开发校本课程、增加综合实践课等。本书在此方面也做了一些尝试与探讨，力求在课程设置上都找到切入点，从而实现我们小学生全面发展。

## 四 教学方式

尝试多场景多情景教学，让每个小学生都能感受到学习的快乐，让每个学生对于学校都有饱满的兴趣,热爱学校而不是厌倦、逃学。

教师在观察学生发展状况下,善于发现儿童的潜能,设计出符合儿童智能发展特点的多元的学习情境。让儿童在和谐、快乐的环境中度过每一天。

力求教学方法多元化、灵活化。尊重儿童个性,在保证学生全面发展的情况下,为儿童的优势智能提供更多的锻炼机会。对儿童发展的方式更加包容,不追求某种标准。每个学生的智能基础是存在差异的,且呈不平衡发展趋势,教师应分别对待,不仅对全班儿童而且对每一个儿童都应采用多元的教学方法,真正做到因材施教。个别化教学的教学方法强调对个人的判断,推行"以个人为中心的教育",每位学生根据自己的智能发展情况,有着自身所要吸收的知识类型与内容和他要进行的一些拓展性的阅读与实践练习。当然这些学习的进行,可以是学生自己进行,也可以在家长帮助与同学之间相互合作下进行。

在学习时间的安排上,由于每个学生智能发展具有不平衡性特点,不同的个体有着不同的学习路线,学习时间不能再整齐划一。给予学生一定的时间来按照自己的进度进行学习。"专门的用来学习的时间,在一定程度上,根据过去经验,可以划分为教学时间(个别的或大组的教学)、小组活动时间、个人消化时间、传递的时间和(个人或集体)考核时间。"这是引用《学会生存——教育世界的今天和明天》这本书的内容,它强调了实施个别教育中学习时间的安排,我们关于促进小学生全面发展的模式研究中,受到此方面的启发,在小学的课程学习时间上也做了研究与探讨。

## 五 教育评价

"评价的目的是促进每个学生全面发展。对学生学习的评价,既要关心学生学习的结果,更要关注他们在学习过程中的变化与发展,既要关注学生学习的水平,更要关心他们在实践活动中表现出来的情感和态度。"

《基础教育课程改革纲要》指出:"评价不仅要关注学生的学习成绩,而且要发现和发展学生多方面的潜能,了解学生发展中的需求,帮助学生认识自我,建立自信。发挥评价的教育功能,促进学生在原有水平上的发展。"

在评价目的上,第一,通过评价帮助学生全面了解自身学习情况,对自身发展有一定的客观认识,例如自己擅长哪些方面、在哪些方面的发展存在不足；

第二，帮助学生合理调整自身状态，例如学习动机、学习态度以及学习方式等；

第三，全面激发学生的学习兴趣。实施多元评价下，真正实现学生主动、全面发展；

第四，帮助教师形成正确的教育观念，对每一位学生都抱着欣赏的眼光，对学生的成长与发展有足够的耐心，善于总结与反思，必要时调整和改进自身的教学内容与教学方式；

第五，给学校管理者的管理方式、学校的课程设置、课程安排以及教学目标、教学方式带来一些思考。

评价过程中要坚持主体性原则，实行启发式、探究式教学。在评价中以学生为主体，不同的学生个体在学习方式、学习科目的倾向性以及学习成绩的呈现上都是不同的。因此不能忽视学生的主体性特征而去盲目评价学生。通过情景化评价、多角度考察来对学生的发展给出一个客观、积极的结果。过程性原则，每个学生在学习过程中，其情感态度的发展、知识技能的掌握等并不是在单纯的结果评价中就能得到完全展现，甚至可以说是如果只是注重结果，那么学生学习的某些方面可能永远不被了解。同样地，也就无法把握学生智能发展的各项特点，也就无法把握学生的整体、全面发展。多元性原则，教师在教学过程中可能会发现在同一科目的学习上，不同学生的掌握情况存在差异，同一名学生在同一科目学习的不同阶段，科目知识的掌握情况也是不同的，这便是智能的多元性以及智能发展的不平衡性造成的。因此，在我们的教学评价中不可忽视这一点。全方位了解学生，实施多元评价。整合性原则，在传统的教学评价中，只注重理论课的成绩，过分强调甄别与选拔的功能。这与促进学生的全面发展的理念是相悖的。课程评价的基点应该是促进学生的全面发展。要将学生的理论成绩与其综合实践课的成绩加以整合，控制合理比例，做出较为全面、合理的评价。

# 第十章　小学生全面发展的创新模式探究

我们结合国内外公办、民办以及国家对小学生全面发展教育的实践，根据我国目前的实际情况，提出了关于小学生全面发展教育的一些创新模式。任何模式都有利有弊，要一分为二地看待，我们也是如此，想借以让更多的教师和家长了解如何实施全面发展教育，下面将详细阐述。

## 第一节　课程的科目设置

### 一　设置必修课与选修课

在小学课程设置上，在实际的学校教育中，除去语文、数学、英语这三门理论必修课以外，音乐、美术、体育等也都是必修课。而实施的情况却是一些必修课选修化、虚设化。在小学生全面发展的创新模式中，将小学的课程设置直接分为必修课与选修课两大类。

必修课是每位学生都必须修的课程，这是每位学生发展的基础，即我们现今课程中就已设有的语文、数学、英语的科目。必修课科目的设置并没有做什么更改，我国教育改革这么多年，提的最多就是关于教学方式、教学评价、课程安排、师生关系等方面的改革，这三门课程是学生生存与发展的基础性课程，是不能废置与忽视的。本模式同样没有忽视这三门基础课的重要性。只是对每位学生在这三门课上的最终发展程度上没有过多苛刻的要求。根据多元智能理论，这三门课所考察的主要是学生的数理逻辑与语言智能，在9项独立的智能里，毕竟所占的只是一小部分。对此三门课程的要求是达到平均水平，对于那些在这两项智能上占有优势的学生，可以鼓励其尽可能去发展；而那些在此两项智能发展不足或是平平的学生，没有过多强求。

选修课的设置，主要是针对个体在语言智能与数理逻辑智能之外的智能发展。每位学生各项智能的发展程度是不平衡的，同一项智能在不同年龄阶段的发展程度也是不同的。根据学生智能发展不平衡的特征，开设各类选修课程。课程科目的设置上有：礼仪、绘画、音乐（声乐、琴类）、体育（大类，其中有各种适合小学生的体育项目，例如，篮球、足球、羽毛球、乒乓球，还有游泳等，但是每天的体育锻炼是必修的）；还有舞蹈、书法、棋类、演讲、科学、天文、地理、科学实验活动、生理卫生、安全等。

选修课的选学规则，在小学教育的 6 年期间每学期选学两门及以上，选修前会有一些关于此门课程入门测试与试学阶段，重要看孩子智能是否发展到这个水平，帮助学生更好地了解学生自身智能发展状况，千万不能揠苗助长，防止一些学生与家长盲目跟风，学生在此方面根本就不擅长，这样既浪费时间也影响学生的学习情绪。选修课的选择原则就是要选择自己较为擅长、感兴趣且最适合自己的项目。

选修课并不是意味着其重要性不如必修，选修是指自主，尊重个性发展。帮助学生学其所长、学其所爱，帮助学生建立起学习兴趣和信心，形成持久的、稳定的学习动机。教师可以帮助学生在活动中学习，使其全面而快乐地发展。

## 二　增设传统文学经典阅读课

近年来学校教育和社会教育者重视国学，甚至引发"国学热"，从某种程度上来说，这是我们中华古典文化的觉醒与回归。我国国家领导人也曾几度强调学习古代经典诗词的重要性。古诗文是具有标志性的文化财富与文化载体。

此模式中，在小学教育的基础阶段除了基础课程语文的学习以外，还增设传统文学经典的阅读。北京小学培养目标中就包括"中华底蕴"的内容。学校每学年开学典礼在国旗下讲话后，第一件事就是为每一个北京小学的学生颁发北京小学的校本教材《弟子规》，这是北京小学学生从一年级必修的一门课程。

小学阶段传统文学经典的阅读的内容，主要是指我国的传统经典，例如，《论语》、《老子》、《中庸》、《诗歌》、《大学》等在我们的语文课程中被忽视的一些经典。按照儿童成长的自然规律由浅入深、由简单到复杂的方式进行阅读和背诵古典，比如：在一、二、三年级六个学期可以安排诗歌的背诵，诗歌背诵也是由浅入深、由简单到复杂的方式进行。而且必须是打破遗忘规律的方式进行，以免黑瞎子掰玉米掰一个丢一个。

此外，所谓的阅读，在小学教育阶段主要是指我国经典阅读和背诵。从小学一年级开始，让学生朗读与背诵这些经典，最终的要求是每位学生至少在小学阶段能够背诵2—3本经典。

### 三 选修课的必修化

在课程设置上，大类上设置了必修课与选修课。必修课当然就具有一定的强制性，每位学生都必须修学，没有例外。

选修课同样具有强制性。第一，体育锻炼必修，每位学生在每个学期都必须选修一项体育运动，这项规定主要是考虑到小学生身体素质的发展。随着社会的发展进步，家庭生活水平的提高，小学生很少有步行上学的，上学放学都有家长接送，锻炼的时间很少。在有些家长的观念里，孩子只要学习成绩好，其他方面可以无所谓。体育锻炼永远会让位于理论知识的学习。

## 第二节 课程的科目比例设置

### 一 课时设置

在小学低年级理论课的上课时间为20—40分钟，一般30分钟最为适宜，随着学生发展逐级增加上课时间，到小学六年级增加到40分钟。

一方面小学生注意力的稳定性较差。多年传统的课堂教学发现，在小学低年级的课堂上，对教师课堂的掌控力与管理能力要求越来越高。具体表现为，学生会在上课的前半阶段能够集中精力听老师讲课，随着课程进程的推进，学生便开始走神、同伴之间开始打闹，回答问题的积极性异常高但回答情况却很糟等，这些课堂情况在我们现在的小学课堂中是常态。学校教育一直将其归为授课老师的课堂掌控能力太差。当然，不排除存在这一方面的因素，但是45分钟的课堂教学对于小学低年级的学生来说确实过长。

首先，刚从幼儿园的学习转到正式的基础教育阶段需要一定的缓冲期。学前教育与正式的小学教育还是存在一些差距的，学前时期孩子的活动学习比较多，很少时间坐下来进行理论学习。

其次，小学低年级是培养学生良好的学习动机的关键时期。听过一个段子：一名小学生在上学路上摔倒了，路人扶起，小学生没有因为摔倒而眼泪直流，反而在嘴里念念有词道："我怎么没摔死呢，摔死我就不用去上学了"。过长的上课时间，会让刚入学的学生对学校产生负面情绪，进而发展成厌学。

最后，较短的正式上课时间能为学生的个性发展提供更多的空余时间。教师在课堂之外对学生进行观察，能够更好地理解学生。了解每个学生的大体智能发展程度与模式。增进师生关系，让学生热爱学校、喜爱老师并且形成积极的同伴关系，从而更有益于学生的成长与发展。

## 二　课程的比例设置

在所有小学课程中，理论课所占的比例为50%；另外的50%为综合活动课程。在上文已提及，50%的理论必修课，这是每位小学生必须学习必须参与的课程；50%综合活动课程，也可以称为智能综合发展课。两项课程的设置旨在促进学生在小学教育阶段，各项智能能够协调全面发展，各项智力和能力得到提升。

## 三　课程顺序设置

上课顺序的安排上，就一天的课程安排上，上午是理论课的学习，下午是综合实践课程。

上午的理论课，每天上午从8：00开始设有30分钟的传统文学经典阅读与背诵。一般我们主张在小学一年级第一学期开始，学生在阅读与背诵中教师要加以控制与引导，即使是"死记硬背"仍要在把握科学规律的前提下"死记硬背"，帮助学生科学背诵，打破遗忘规律的"死记硬背"。例如，一年级第一学期背诵简单的、流利的、容易记忆的诗歌60首，第一天阅读和背写第一首，第二天阅读和背写第二首……直到阅读和背写完60首，下一轮，每天阅读和背写两首重新开始，再下一轮，每天阅读和背写4首，再下一轮，每天阅读和背写10首，以此类推，最后，通背一篇。

下午的综合实践课，学生在教师与家长共同协商与遵从自己意愿的情况下，选修自己的课程。选修课完成之后，每名学生都必须进行40分钟到1小时的体育锻炼。选修体育项目的学生，可以另外自主支配自己的这个时间段，可以增选修其他项目的课程。每位学生每学期必须选学3门综合实践活动课，当然也可以重复选修，争取在小学阶段的12个学期中，每名小学生都能选修大部分的课程，使其各项智能得到锻炼，使其自身的智力和能力得到应用和提升。

**四 课程作业形式设置**

各项课程的作业，主要是检验与测评小学生在某一学习材料、学习内容上的掌握情况。主要目的：一是对学生各项智能在经过一段时间的学习之后，其能力和智力提升的程度情况。二是发现学生在不同时期智能发展强弱情况，以便教师调整教学，调整学生的培养计划。三是对学习的练习与巩固。

在小学的各项课程中，不能用千篇一律的作业检查形式尤其是在理论课的部分，永远都用纸笔练习的形式。例如，语文古诗词学习作业的形式设置，可以引导学生就一首古诗词设计一个小小的情景剧，学生共同参与；也可以举行一个班级古诗词口语化讲解等。鼓励孩子发挥自己的想象力，以自己喜欢擅长的形式来完成作业。如此一来，既能培养学生的创造性又关注到学生的强项智能，还能促进学生的各项潜能的协调全面发展。

可供参考的作业形式有小组情景剧、数学实体模型的拆卸与重新组件、PPT 的设计与演练、个人主题演讲、一次与课程内容相关的社会实践感悟分享、讲故事等。

## 第三节 创新模式的原则

**一 为理解而教，为理解而学**

教师要理解学生的各项潜能的特征与发展模式；家长要理解孩子的自身的成长特点；学生自身要逐渐形成清晰的自我认知。

**二 重视孩子的身心发展**

身体上的健康不能忽视，学习知识的同时要注重体育锻炼；注重小学生学习动机、学习积极性培养，厌学情绪一旦产生就很难消除。

**三 各项智能协调全面发展**

在升学压力下，我国的小学教育已经畸形许多年，一味地追求高分、追求升学率。如今素质教育思潮的兴起，是我们逐渐认识到要把真正的小学教育还给孩子。小学生人生才开始的教育成长过程中，首先要教会学生学会主动积极，教会其学会如何与人共处；教会其认识自我，了解与理解自我，教会其理解他人。能够在理论学习上积极努力，也能在各项综合实践课上展现自己的精彩。学习活动丰富、全面。

**四　陪伴学习**

"爸爸妈妈，你再不陪伴我我就长大了。"小学教育阶段是最注重家校合作的时期。孩子各项发展都还未成熟，需要家长的陪伴与引导。有研究表明，在父母的陪伴下孩子的学习积极性会更高，学习动机更为强烈。

**五　每个孩子都能自我认可**

多元智能所强调的是，可能长于复杂数学公式的演算，但是我们在硕大的舞台上翩翩起舞。我们会在同一个教室里学习理论，也会在其他的不同实践活动中交到另外的好朋友。我欣赏你惊人的数理逻辑，你也很羡慕我的舞姿优美，总能赢来掌声。

我喜欢跳舞，即使我的数学成绩不高，但一直努力，我很快乐，也很自信；我在数学上总是被人羡慕，但是却不能舞出动人的舞蹈，但是我不沮丧，我会依然好好学习数学，同时也在寻找自己其他方面的骄傲，我是最棒的。

积极的自我认可是个体身心健康发展的前提与关键，通过各项不同课程的设置使学生在小学教育阶段各项智能都能得到开发的同时，也能在这些学习与实践活动中，形成积极的自我认知。

了解自己、理解自己、相信自己。无论在各项知识技能掌握上还是在个体人格成长上都健康和谐，这便是我们的目标，我们小学教育阶段教育的期许——让我们的孩子能够健康长大，全面发展。

# 第十一章 适应我国小学生全面发展的环境

如果我们能够真正地实现小学生的全面教育，更好地促进小学生全面发展，我们要走的路还很远，那么，目前为了实现小学生的全面发展教育，我们应该做哪些必要的工作？下面将就主要部分进行阐述。

## 第一节 加大我国小学教育经费的投入

教育是成就国家和民族的未来，是民族振兴和社会进步的基石，是发展科技和培养人才的基础。这在我国乃至全世界都已经是一种共识，得到了广泛的认同。近年来，我国对小学教育也给予了高度的重视，充分肯定了其基础性、重要性和战略性的地位，并着手大力加强对小学教育和基础建设的投入。例如，全面免除城乡义务教育学杂费、在西部农村和部分中部农村地区实施免费义务教育。另外关于教育经费投入，也提出了"4%"的目标，即国家财政性教育经费支出占国民生产总值的比例达到4%。

但是我国基础教育在国家资金投入的现状仍不乐观，仍需做出努力。

### 一 增加在小学教育阶段的经费投入

经费投入在一定程度上来说，是促进教育发展与改革的基础性问题。上文的小学教育阶段课程创新模式的形成与实施，教育经费的支持是基础方面，没有经费，似乎很难启动任何教育项目。

近年来，我国在教育的经费投入上确实做了很大努力，也在逐年增加教育投入。但是在小学教育阶段的投入仍需要增加，我国教育经费的大部分主要用于高等教育阶段，在小学教育阶段的投入仍不足。

小学教育是个体发展的起步与奠基阶段，是我们不容忽视的。小学是促进个体全面发展的"黄金时期"，在硬件设施、师资培养等方面都需要大量经费投入，并不是简单地满足小学生的一些基本需求即可。在教育经费投入上，要适当扩大在小学教育阶段的比例。

### 二 规避教育经费迟迟不到位、滞后性严重的问题

虽然说"十年树木，百年育人"。但是，教育的培养是一个持续、需要长时间坚持的事业，每一个环节都十分重要，及时发现问题就要及时解决。"百年育人"并不是只强调"质量"，在"效率"方面同样需要引起重视。教育中每一个遇到的问题都不是一个小问题，都需要及时解决。教育经费到位一定要注重效率，例如，学校的某个硬件设施出了问题就要及时维修或是更换，学校的某位老师离职或是休假不能由别科老师暂代或是将此门课程暂停，应该及时聘任相应的教师。此类问题在小学教育阶段时常会出现，但由于经费申请后，短时间内不到位，各项问题的解决存在严重的滞后。

### 三 优化教育资金的投入结构

我国小学教育有其基础性的特点，同样具有全面性的特点。但是对于小学生全面发展的定义似乎有歧义。在教育资金投入上，过于注重一些所谓"主课"所需资源与硬件的设施。在教师工资上，语文、数学、英语的教师远比体育、信息技术、音乐、美术等老师的要高出很多。这既影响这些"副科"老师的教学积极性，也使我们的教师队伍结构失衡，越来越少的教师愿意从事这些科目的教学，大学教育中的艺术、体育师范生人数也远远少于语文、数学等学科师范生。这是一个恶性循环，是促进我国小学生全面发展的一大障碍。小学教育创新模式中，所需要的教师，正是这些具有体育、舞蹈等教学背景的老师。

### 四 提高小学教育经费使用效益

在学校教育经费使用上，要么存在教育经费到位时间慢，这是我们的教育经费拨款的问题；要么就是国家给出的教育经费使用上，其效益太差。好多学校管理者，不知道怎样将经费花出去。当然，如果我们的小学教学中只是注重一些理论的教学，一些"主课"教师的培养，经费的使用肯定是富足有余的。这是我国小学教育经费使用问题，同样也是我们的小学教育阶段忽视小学生全面发展的结果。

## 第二节 优化小学教师队伍，提升小学教师专业水平

韩愈曰："师者，所谓传道、授业、解惑也。"除此之外，教师还是良好师生关系的缔造者，是为学生提供学习资源的服务者，是合作者，是学生成长过程中的欣赏者，是学生学习的引导促进者，是不断自我超越的学习者和反思者。小学教师更是在学生的发展中起到启蒙性、开发性的重要作用。学生学习动机的正确形成、学习兴趣的建立以及学生全面发展的"完美"起步等都对我国小学教师的教育能力提出了严格的要求。由于小学教师的教学对象多为5—13岁的儿童，其身心处于迅速发展的阶段，这就无疑对小学教师专业水平产生了更大的挑战。因此，要想成为一名优秀的小学教师更是难上加难，除了要求具备广博的知识之外，还必须善于塑造优良的师生关系，乐于服务，勇于合作，懂得欣赏和引导学生，同时还需具备持续学习和勤于反思的能力。

小学教师专业水平的发展受到诸多因素的影响，其中涉及教师自身、学习环境、教育体制、社会背景、学生、教材、管理方式、在职培训等。其中外部因素主要是学校氛围、课改思路和教师间的合作。由此可以看出教育大背景与学校文化环境是影响小学教师专业水平发展首要因素。要促进我国小学的全面发展，实施我国小学生全面发展创新模式，必须做好教师队伍建设工作。

### 一 扩大我国教师队伍，为我国小学教育提供充足的师资力量

教师群体普遍认为影响小学教师专业水平发展的主要因素是"教师职业社会地位低下"。尤其是在教师的工资方面，远远低于公务员的工资。在经济地位上，教师是得不到任何激励的。此外，就教师的社会地位问题，很多教师反映，教师在社会上不仅得不到尊重，甚至还有被"歧视"的现象。这就大大打击了教师们的教学积极性，也使教师队伍的吸引力大大下降，高中毕业生选择师范教育的人数下降。在小学教育阶段，小学生全面发展的趋势下，我们需要大量优秀教师的加入。因此，在我国教师队伍面临缩减的情况下，需要引起各方面的重视。

## 二 调整教师队伍结构，提高我国小学教师专业水平

小学教师专业化水平的发展关系着我国基础教育课程改革的成败，决定着整体国民教育水平能否有大幅度提高。正所谓"基础不牢，地动山摇"，小学教育中出现的失误会影响到个体一生的发展，甚至会影响到社会发展的速度。

我国小学教师队伍除了教师的师资不足之外还存在结构性问题。这也是导致我国小学教育"畸形"、"片面"发展的关键因素。当然，这种结构问题的产生缘由，可能是相互影响也可能是恶性循环，在此就不再赘述。总之，我国教师队伍结构性失衡。

在我国的小学教师队伍中，将近 2/3 的教师是从事语文、数学、英语等教学，剩下不到 1/3 的音乐、美术、信息技术的科目的老师还在挣扎，企图转去教所谓的"主课"。我国一直强调素质教育，强调进行学生的全面发展，事实是，能够促进学生全面发展的中坚力量——教师都没有，怎能促进学生的全面发展呢？因此，要优化我国教师队伍结构，使教师专业多样化，给予各科老师以平等地位。

## 三 从教师资格认证制度上要整体把关

我国目前的师资培养是开放式的，以师范类院校为主体，同时其他非师范院校也有权利培养教师。一般来说，只要通过教师资格考试就可以具备成为一名正式教师的资格。很显然，这对于将要从事人民教育事业的教师来说要求过于低了，教师资格考试与认定混淆，考试的公信力很低，含金量不高、门槛过低，不利于我国教师队伍整体素质的提升。因此从 2011 年开始，我国开始着手教师资格证改革。高校学生只有毕业年级学生才能报考，且报考时必须是专科以上学历。这一要求使得在前期筛选时就能将一些人员阻隔在外。由于注重技能和基础知识的考核，考生在本科学习期间就会注重教师技能方面的训练，有利于考生整体素质的提高。考试难度增大，更加凸显教师的专业性。更加严格的认证程序，确保各个环节不出纰漏，保证获得教师资格认证的考生都具有真实的水平。

教师资格证书分类也将教师专业知识的考核加入教师资格证考试之中，进而有助于完善教师资格考试制度，优化我国教师队伍结构，提升我国教师整体素质。

## 四 构建教师教育职前职后一体化体系

教师职后倦怠是造成我国教师专业发展能力下降的主要因素之一。教

师职后培训是保持教育先进性的重要举措，构建教师教育职前职后一体化体系是应对我国提升我国教师专业教学能力的主要举措之一。

教师职后培训可以不断地提高教师专业知识素质和综合素质，可以使教师不断地了解、掌握学科发展的新动向，学术研究的新成果；可以提升教师各方面的专业素养，帮助教师提升自身的专业发展能力。

最后，想提出的是，相应地提高教师的工资水平和经济地位，以使教师全身心地投入到教学工作、教学研究之中。法国早在1988年就主张提高教师的社会经济地位，吸引大学毕业生当教师，通过这些举措保障了教育改革目标的实现。重视教育在社会经济发展中的作用就要重视师资的质量，提高师资的质量首先就是要保障教师的物质生活质量。

## 第三节　建立资源共享体系

目前，各类小学一直在探索如何运用现代教育信息技术，有效开发和合理利用优质教育资源，实现校际互动、资源共享的目标，现已取得初步的成效。许多学校搭建了网络信息平台，充实了远程教育资源，创新了合作模式；通过校际互动交流，实现了优质资源共享。

### 一　校际联盟的广泛建立

联盟是两个或两个以上不同个体和组织在共同的目标、共同的兴趣和利益、平等的权利和义务之下形成的互惠互利的关系。校际联盟是指不同学校基于平等、合作、互动的原则基础上形成的合作机制，其宗旨是在组织开展的各项活动中，把"提高教育质量"作为学校发展的核心任务，遵循"以校为本、校际互动、各司其职"的基本原则和总体思路，以"同质促进、异质互补、文化融合"为愿景，以制度建设为基础，以提高课堂教学有效性的项目研究为抓手，以教师专业发展为途径，推动联盟内各学校的发展。校际联盟可以通过各学校之间的相互沟通和交流，使各个学校跳出圈子的局限，勇敢地走出去，汲取外校的管理思维；并通过教师之间的相互观摩和研讨，使教师更明晰地发现之间的不足，并在学习中积极改进，以进一步提高自己的专业素养水平。因此，校际联盟是当今世界教育中学校和教师成长的一种有效方式。

最近几年，各省市、各地区的校际联盟如雨后春笋般迅速涌现，发展相当迅速，局面相当令人欣慰。在联盟中，通过建立起合作共赢的联盟机制，专家的亲临指导，开展新型的活动形式，加强领导力的建设，立足实际的规划，联盟成员学校获得了前所未有的发展机遇，很多学校在此过程中获得了长足的发展，在校领导的有效带动下，学校的未来焕发出强大的生机；各级教师在联盟中也得到了全面的锻炼，在很大程度上提升了自身的专业能力。

## 二　城乡小学互动交流，实现优质资源共享

首先，强化校际合作意识。可以广泛鼓励各小学联合起来，结成友好学校，并建立校际网络平台，积极开展"同题异教"、"同课互研"等教研活动，通过这些举措，有效地提高教师的专业素质和综合素质；同时各个小学通过网络媒体上的互相研究探讨，以及城乡教师互动交流的形式，进一步增强了校际间合作的意识；并利用大量有效的网络平台，比如QQ群、校园网、微信、城域网等，初步实现城乡优质教育资源的共享，最终实现城乡各小学优势互补、协作共赢的目标。

其次，健全优质教育资源共享体制。

第一，进一步完善共享机制。目前，各级小学的课堂教学中已经广泛地引进了现代化的信息技术，资源共享的使用、检索、开发等得以大面积地开展，大量的优质教育资源掌握在教师的手中，因此，并没有真正达到共享的目的。针对此种弊端，我们可以采取评选、录用的新型机制，开展实时的检查监控，对教师手里的一手资源进行搜集整理，保证学校内各种先进资源在校园网内有效流通、共建共享。其中，可以提供给各级教师共享的形式主要有以下几种：教学研讨、优秀论文交流、互访交流、网络技术能力培训等。

第二，建立示范学科。通过建立应用示范科目，培养优秀的骨干教师，并积极推出一些创新型课程和示范性研讨课，通过这些示范科目，带动其他学科，并以此推动各校际片区的共同发展。

第三，积极研发新课程教育资源。一方面，结合加强本校的资源库的建设。另一方面，加速本地区优质教育资源的数字化，充分利用计算机网络资源，将资源向周边辐射，拉动兄弟学校的发展。

第四，精心整理研究过程中所涉及的教育资源，使之源源不断地充实到教育信息中心的资源库中。

### 三 加强片区同城合作，发挥优质资源的辐射作用

首先，同城、同区要统一思想，达成共识。例如，对于小学生全面发展的认识，在同一地区要达成共识，总体上都能认识到促进小学生全面发展教育的重要性、必要性以及迫切性。

其次，在小学生全面发展创新模式构建与实施方面也同样需要集体的力量，需要大家共同去努力实施推进。在小学生全面发展创新模式中，我们对教师各方面的素养、师资总量以及全面发展的硬件设施等教育资源上都提出了较高的要求，但是就目前我国小学教育的发展现状而言实现起来仍是面临着诸多问题。站在资源共享上，我们也是能够解决一些基本性问题的。

（一）在教师资源上就可以实现片区、同城合作共享

我国教师结构失衡是一个众所周知的问题。因此要想满足此模式中各项教师的师资需求是一件非常困难的事情。也就是说，我们不可能在短时间内为每所小学配备一名体育专项教师、一名美术专项教师、一名音乐专项老师、一名专业的书法教师等。但是我们能做到的是，一个城区或一个县共用某名专业教师，各学校之间相互协调、合理安排上课时间。

（二）小学生全面发展创新模式的教学硬件设施共享

在每个地区的每所小学学校都建设体育馆、游泳馆、绘画室等促进学生全面发展的教学设施是不现实的。在同区、同片、同城的学校中这些硬件资源是可以共享的，学生同样可以合班活动交流。这是解决我国当前小学教育资源不足与资源浪费的主要途径。同时，也是各个学校之间相互监督，相互竞争，为我国小学生全面发展教育提供一定的保障。

## 第四节 完善制度，加强执行力

近年来，为实现小学教育的全面发展，浙江省敢为人先，在相关制度领域取得了积极的进展和丰硕的成果。

### 一 建立教师校长交流制度

这一制度主要是指公办学校教师从一所学校调到另一所学校工作，遵循人事关系的流动程序；教师交流采取教育行政部门指导交流、学校推荐交流和个人申请交流相结合的方式进行。该交流不是"零和"游戏，不

是削峰填谷，而是扬长避短。该交流不仅对农村学校、城镇薄弱学校有利，对办学条件好的学校同样有利，可以给老师更多的锻炼机会和工作激励；还可以给学校文化注入新的元素和活力，给学生增添新奇的生活体验。在改变已有师资配置格局的过程中，使各类学校收获共赢，让优秀教师和学校通过交流脱颖而出。

### 二　进一步完善校园文化制度建设

校园文化是学校教育的重要组成部分，是学校环境、学校活动、学校秩序、学校精神和学校制度的综合体现，是全面育人不可或缺的重要环节。校园是育人的主阵地，校园文化对学生的价值取向、思想品德和生活方式具有潜移默化和滴水穿石的作用。

浙江省教育界普遍意识到学校文化的重要性，最近几年，大力建设和完善学校文化制度，在这方面做出了卓越的成绩。

首先是建设科学和谐的环境文化。充分利用房屋建筑、道路交通、体育场馆和教学实验设备等，寓教于乐，寓教于用，通过这些渠道积极宣传社会主义核心价值观；同时，积极鼓励师生踊跃参与校园环境设计、维护、创造和展示，发挥师生的创造性、主动性，增强师生爱学校、爱祖国的情感和为民族复兴而工作学习的动力。其次，建设积极向上的精神文化。在精神文化的建设过程中，重点强调"一训三风"（校训、校风、教风、学风）的建设，并通过多种形式进行大力宣传，增强学生对"一训三风"的认同感和自豪感。同时，积极创办各类学生社团，让学生进行自我教育、自我管理和自我服务，将社团建设从单纯的课外活动层面上升到学校文化构建的高度。

### 三　建设以人为本、注重全面发展的制度文化

在此过程中，浙江省率先把"软实力"和"硬实力"相结合，在建设学校各项规章制度中努力实现科学性、可操作性和公正性，使制度成为校园的载体，使学校倡导的价值观变成可见的、现实的因素。并通过尊重、信任和宽容的方式，构建充满人文关怀的运行机制，把管理和服务做到精益求精的境界。

小学教育事业作为一项基础性、先导性、全面性的社会子系统工程，它面临着全新的机遇和巨大的挑战。在新形势、新环境下，我们应以科学发展观为指导思想，用心总结经验，以课题研究为龙头，充分发挥网络信息技术的优势，加强校际合作，积极开发优质教育资源，并使其在校际之

间高效流通，让各级各类学校都能实现资源共享，最终实现基础教育的统筹发展。

### 四 加强教育制度与政策的执行力

"一流的制度三流的执行等于三流；三流的制度一流的执行等于一流"，我们的教育政策与教育制度制定下来并下发到各个教育部门与机构，最终目的就是要实施下去，即执行。再好的制度，不去执行也犹如"空中楼阁"，在我国的教育中，要认识到此类问题的严重性。要严抓教育政策与制度的执行力。

# 参考文献

## 一　学术著作

1. ［美］霍德华·加德纳：《多元智能新视野》，中国人民大学出版社2012年版。
2. 梁志燊、段云波、卢书全等：《蒙台梭利幼儿实用成长宝典》，哈尔滨出版社2009年版。
3. ［美］霍德华·加德纳：《智能的结构》，浙江人民出版社2013年版。
4. ［意］玛利亚·蒙台梭利：《发现孩子》，中国发展出版社2013年版。
5. ［意］玛利亚·蒙台梭利：《蒙台梭利儿童教育手册》，中国发展出版社2003年版。
6. ［日］保坂隆：《最强大脑》，中信出版社2014年版。
7. 张耀灿、陈万柏：《思想政治教育学原理》，高等教育出版社2001年版。
8. 周采、杨汉麟：《外国学前教育史》，北京师范大学出版社2006年版。
9. 彭聃龄：《普通心理学》（修订版），北京师范大学出版社2007年版。
10. ［日］赞科夫等：《和教师的谈话》，教育科学出版社1981年版。
11. 《义务教育小学数学新课程标准》，中国轻工业出版社2011年版。

## 二　学术论文

1. 康丽：《把小学教育作为一门科学来研究》，《中国教师报》2014年6月25日。
2. 兰梦云：《从多元智能理论的角度看全面发展》，《宿州教育学院学报》2009年第3期。
3. 李敏和：《多元智能理论与"学困生"的全面发展》，《校长论坛》2014年第9期。
4. 王淑娟：《多元智能理论与幼儿全面发展》，《湖北广播电视大学学报》2012年第10期。

5. 包宝振：《关于我国小学教育管理模式及其国内外对比的探讨》，《中国校外教育》2010年第8期。
6. 包国红：《境外中小学生教育与管理的实践研究》，硕士学位论文，上海师范大学，2006年。
7. 袁敏玲、张艺园等：《两岸大学小学教育专业课程设置比较研究——以常熟理工学院和台中教育大学为例》，《学园》2014年第5期。
8. 方帆：《美国教师怎么看中国小学生减负》，《少年儿童研究》2014年第1期。
9. 刘建梅：《美国中小学生家庭作业研究及对我国的启示》，硕士学位论文，沈阳师范大学，2013年。
10. 孔雀、蔡敏：《美国中小学生品德评定及其启示》，《教育测量与评价》2013年第2期。
11. 王崧舟：《名校集团化与"新成功教育"的体制创新》，《视点》2008年第5期。
12. 张惟祎：《努力深化教育体制改革 促进基础教育事业健康发展》，《云南教育·视界》2006年第8期。
13. 庄艳梅：《曲靖市小学生家庭教育的现状及对策》，《曲靖师范学院学报》2014年第9期。
14. 蓝建中：《日本小学教育如何均一化》，《新华每日电讯》2014年1月20日。
15. 徐岩：《试析小学生家庭教育的问题及对策》，《中国科教创新导刊》2012年第18期。
16. 孙刚成、田玉慧：《文化视域下的中美小学教育对比分析》，《教学与管理》2014年第9期。
17. 苑珊珊：《我国中小学生教育病理现象及其治理对策》，硕士学位论文，东北师范大学，2006年。
18. 张爱生：《我市中小学生教育情况抽样调查报告》，《中共太原市委党校学报》2006年第3期。
19. 罗红燕：《学习多元智能理论，全面发展小学生智能》，《百花园地》2013年8月28日。
20. 金玛莉、白静：《浙东经济发达地区小学生教育补习的调查研究》，《湖北第二师范学院学报》2013年第2期。

21. 王永良、马树元：《对中美两国小学美术教育的比较研究——浅谈学生创造力的培养》，《新课程》（教研）2011年第9期。
22. 张家勇、邱白莉：《中日农村中小学生家庭教育比较研究》，《外国教育研究》2003年第2期。
23. 许云平：《重视闲暇教育 促进中小学生全面发展》，《当代教育论坛》2008年第9期。
24. 金林祥：《胡瑗教育思想研究》，《南通师范学院学报》（哲学社会科学版）2000年第2期。
25. 金林祥：《胡瑗与湖州州学》，《湖州师范学院学报》2003年第5期。
26. 苏水梅：《走进白云岩 亲近朱熹》，《炎黄纵横》2013年第3期。
27. 陈泠：《胡瑗和苏湖教法研究》，硕士学位论文，苏州大学，2008年。
28. 叶汉华：《朱熹与闽北教育》，《教育艺术》2013年第2期。
29. 黄梅：《浅谈〈论语〉的教学指导意义》，《贵州民族报》2011年4月29日。
30. 席颉龙：《语文课堂开设自主阅读课的有益尝试》，《现代语文》（教学研究版）2015年第3期。
31. 张翼星：《严复对中国近现代教育的贡献和启示》，《北京行政学院学报》2012年第3期。
32. 赵洪涛：《对现当代教育产生重大影响的三位教育家》，《校长阅刊》2004年第9期。
33. 刘涛：《试论人的全面发展与思想政治教育》，《沈阳农业大学学报》（社会科学版）2006年第2期。
34. 苏刚、庄云旭：《陈鹤琴活教育理论》，《上海教育》2009年第2期。
35. 张小清：《在实践中认识陈鹤琴教育思想的现实意义》，《学前教育研究》2003年第6期。
36. 张在军：《中外教育家评介》，《成才之路》2014年第33期。
37. 陈健：《近代中国的教育改革实验》，《教育》2012年第12期。
38. 张艺耀：《人性视野下学生全面发展观构建及其教学运作策略研究》，硕士学位论文，赣南师范学院，2011年。
39. 胡爱武、王俊奇：《陈鹤琴儿童健康教育理论与实践研究》，《体育文化导刊》2009年第2期。
40. 麻彦坤：《维果茨基对现代西方心理学的影响》，《华东师范大学学报》（教育科学版）2006 年第 6 期。

41. 王光荣：《维果茨基与现代心理科学》，《西北师大学报》（社会科学版）2003 年第 5 期。

42. 王影、陈兰莎：《〈蒙台梭利幼儿教育方法〉中尊重幼儿独立性与自主性的体现》，《语文学刊》2010 年第 12 期。

43. 赵伟：《新时期以来中国低幼童话中的游戏精神探析》，硕士学位论文，中国海洋大学，2014 年。

44. 兰梦云：《从多元智能理论的角度看全面发展》，《宿州教育学院学报》2009 年第 3 期。

45. 张慧：《从多元智能理论的角度看全面发展》，《太原城市职业技术学院学报》2008 年第 10 期。

46. 王本洋、罗富和：《以人为本与因材施教的探讨》，《中国林业教育》2010 年第 1 期。

47. 徐亚妮：《论基础教育阶段学校体育观念的变革》，《兰州学刊》2008 年第 6 期。

48. 邱培原：《新课程标准下分层次教学的实践与探索》，硕士学位论文，山东师范大学，2013 年。

49. 马肖华：《城镇化进程中我国城乡教育资源配置问题及对策研究》，《河南科技学院学报》2013 年第 8 期。

50. 胡琴、杨雪琴：《我国农村小学教育主要困境及对策探讨》，《学生教育》2013 年第 2 期。

51. 夏媛媛：《我国农村中小学布局调整策略研究》，《教研新干线》2013 年第 2 期。

52. 教育部：《基础教育课程改革纲要》2001 年 6 月 8 日。

53. 任夏明、何涛：《给学生的成长撑一把爱的保护伞》，《学校管理》2006 年第 6 期。

54. 邓勇：《"对初中生二元智力方向性的检测"研究报告》，《教育学术月刊》2013 年第 5 期。

55. 曾灿：《师源性隐性心理伤害产生的原因及对策》，《韶关学院学报》2014 年第 1 期。

56. 文新华：《论人的全面发展与个性发展——兼论创新人才的培养》，《华东师范大学学报》（教育科学版）2004 年第 1 期。

57. 黄宝娥：《简论人的个性发展与全面发展的关系》，《陕西理工学院学报》（社会科学版）2005 年第 3 期。
58. 刘明东：《多元智能的多元测评研究》，硕士学位论文，上海师范大学，2004 年。
59. 于俊如、王丁杰：《论青年学生全面发展与个性发展的辩证关系》，《青年与社会》2013 年第 1 期。
60. 李彦：《论素质教育的理论依据》，《哈尔滨师专学报》（社会科学版）1998 年第 2 期。
61. 郝靖：《浅析多元智能理论对班级管理的启示》，《中国科教创新导刊》2010 年第 27 期。
62. 谢菁：《体育促进学生个性发展的理性思考》，《吉林体育学院学报》2005 年第 1 期。
63. 赵瑜：《多元智能理论指导下的幼儿创新教育探索与实践》，《华章》2011 年第 12 期。
64. 盖涛、陈春阳：《论学校教育与学生素质发展的辩证统一》，《现代教育科学》2006 年第 1 期。
65. 沈卫星：《反思新课程课堂教育》，《新课程》（教师版）2007 年第 8 期。
66. 钱守旺：《把握教改方向　从容面对新课程（五）——对新课程理念理解上的偏差浅析》，《云南教育》2003 年第 8 期。
67. 黄东汉：《走出新课程教学的误区》，《江西教育》2004 年第 6 期。
68. 杨妍梅：《新课程 新教学——对新课改实验区的调研思考》，《北京教育》（普教版）2003 年第 11 期。
69. 张松林：《把握科学探究的内涵，避免形式化的科学探究的教学流程》，《新课程》（教研）2011 年第 4 期。
70. 唐志：《对新课程改革后课堂教学误区的思索》，《教育教学论坛》2011 年第 2 期。
71. 庄西真：《从封闭到开放——学校组织变革的分析》，《教育理论与实践》2003 年第 8 期。
72. 林淑媛：《主体·整体·立体——素质教育的管理模式探讨》，《教育改革》1994 年第 1 期。
73. 陈春宝、魏国：《论教育目的的一贯性和时代性》，《北京林业大学学报》（社会科学版）2003 年第 1 期。
74. 胡斌武：《我国学校教育培养目标的历史转换》，《当代教育论坛》2006 年第 1 期。
75. 张楚廷：《全面发展实质即个性发展——重温马克思全面发展学说的启示》，《北京大学教育评论》2004 年第 2 期。
76. 扈中平：《人的全面发展内涵新析》，《教育研究》2005 年第 5 期。
77. 燕新：《如何处理全面发展和个性发展的关系》，《中国德育》2012 年第 23 期。
78. 张楚廷：《全面发展实质即个性发展——重温马克思全面发展学说的启示》，《北京大学教育评论》2004 年第 2 期。
79. 林乐波、翟召博：《"差生"不差——多元智能理论与后进生转化》，《天津师范大学学报》（基础教育版）2004 年第 3 期。
80. 姜燕：《试论毛泽东教育思想中全面发展与个性发展的辩证统一关系》，《安徽职业技术学院学报》2014 年第 2 期。
81. 隋丽丽：《论创新教育与现代教学》，《中国成人教育》2004 年第 11 期。
82. 李燕：《基于个体差异的初中语文小组合作学习探索》，硕士学位论文，南京师范大学，2014 年。
83. 张朝飞：《中小学唱歌教学中实施体验性学习的研究》，硕士学位论文，湖南师范大学，2005 年。
84. 于忠海：《多元智能论与尊重儿童个性》，《幼儿教育》2000 年第 10 期。
85. 孙鹏：《浅谈如何在小学数学课堂教学中实施素质教育》，《青春岁月》2012 年第 13 期。
86. 贺军成：《上帝允许我们的孩子考零分》，《教学与管理》2008 年第 20 期。
87. 苗深花、闫立泽：《教学与发展思想对发展学生能力的启示》，《曲阜师范大学学报》（自然科学版）2003 年第 4 期。
88. 夏宏武、余华清：《浅析学校体育在心理健康教育中的地位和作用》，《怀化学院学报》2007 年第 8 期。
89. 赵德肃：《布鲁纳"发现学习"对素质教育的启示》，《贵州教育学院学报》（社会科学）2003 年第 5 期。

90. 石瑛：《蔡元培教育思想及现实意义探究》，《兰台世界》2013 年第 7 期。
91. 张思锋、汪生辉：《蔡元培教育思想研究评述》，《咸阳师范学院学报》2005 年第 6 期。
92. 季银泉：《初等教育课程改革中国与世界的比较》，《教育发展研究》2006 年第 11 期。
93. 于和田：《促进学生全面发展的理论——多元智能理论》，《辽宁师专学报》（社会科学版）2006 年第 5 期。
94. 于南宁：《杜威"儿童中心论"的再认识》，《黄山学院学报》2008 年第 6 期。
95. 黎雯：《杜威的"儿童中心论"对个性化教育的启示》，《科学教育》2009 年第 4 期。
96. 王坤庆：《对卢梭教育思想的再认识》，《教育基本理论研究》2010 年第 2 期。
97. 董翚：《发达国家小学素质教育的特征及其启示》，《泰山乡镇企业职工大学学报》2003 年第 4 期。
98. 高学通：《发挥多元智能的强项带动作用 促进学生全面发展》，硕士学位论文，北京现代职业技术学院，2007 年。
99. 邱伟光：《坚持人的全面发展与个性发展的结合》，《思想教育研究》2011 年第 8 期。
100. 李睿、胡颖蔚：《昆体良的道德教育思想及其启示》，《科教导刊》2011 年第 8 期。
101. 刘振天：《昆体良论儿童道德教育》，《烟台师范学院学报》（哲学社会科学版）1992 年第 4 期。
102. 杜向民：《论全面发展与个性发展的辩证关系及其现实》，《教育理论与实践》2012 年第 4 期。
103. 白彦茹：《美国中小学课程述评》，《外国教育研究》2002 年第 7 期。
104. 苏永骏、黄贵、周景晖：《蒙台梭利幼儿体育教育思想及其现代价值》，《南京体育学院学报》2013 年第 6 期。
105. 于如江：《培养中小学生全面发展》，《中国科教创新导刊》2013 年第 33 期。
106. 赵玥：《皮亚杰儿童教育思想的启示》，《宝鸡文理学院学报》（社会科学版）2011 年第 5 期。
107. 梁正波：《浅论怎样促进小学生全面发展》，《读与写杂志》2008 年第 2 期。
108. 邹娟：《浅述夸美纽斯的泛智教育思想》，《山西广播电视大学学报》2006 年第 3 期。
109. 杨玉：《浅谈孔子的教育思想》，《教育理论研究》2013 年第 2 期。
110. 张劲松、谭琴：《人的全面发展教育与个性发展教育关系辨析》，《江西教育学院学报》（社会科学）2003 年第 4 期。

# 后 记

新课程改革全面贯彻党的教育方针政策，以培养"四有"新人为教育目标，重在关注学生的全面发展和个性提升，积极推行素质教育改革，提升全民族的整体素质，增强我国的综合国力。而初等教育是人类接受教育的第一步，在整个教育过程中具有十分重要的奠基地位，它与其他教育阶段相互联系、相互影响，共同推进我国整体教育成果的取得和国民素质的提高。初等教育是儿童启蒙教育的开端，是儿童全面发展的黄金时期，其重要价值不仅体现在儿童知识的输入方面，还体现在各种意识、智力、能力的发展上。儿童心智的发展，各项能力的培养锻炼，有利于促进其终身发展，如果此阶段的教育处理不当，将会对儿童的一生和社会产生无法估量的伤害。因此，研究小学生全面发展就具有十分重要的意义。基于此，笔者撰写了此书。

本书是德州学院学术著作出版基金资助项目，得到了德州学院领导、社科处、财务处等单位以及同事们的大力支持和鼎力相助；德州市天衢东路小学教师何学艳、东北师范大学中文系在读研究生王文利、昆明理工大学化学化工学院在读研究生李志君、云南师范大学在读研究生陈琳等同志为本书的编写做了大量的工作，在此一并表示感谢！在本书撰写过程中，参考了许多专家、学者的有关著作和论文，恕不再一一注明出处，在此一并表示衷心的感谢！

在本书的出版过程中，中国社会科学出版社给予大力支持，特别是李庆红同志为本书的出版付出了辛勤劳动，在此表示感谢！

由于笔者水平有限，加之搜集到的资料未必全面，书中难免存在一些不足之处，敬请广大读者、专家批评指正。

霍洪田

2015 年 6 月